TESOROS ESCONDIDOS
EN LAS
ESCRITURAS

Por Edgar Garced Vega

Tesoros Escondidos en las Escrituras

© 2017 por Edgar Garced Vega

ISBN: 978-1975741822

Dedicado

A Wilmarie mi amada esposa, por tu apoyo, compromiso, espiritualidad y entrega al llamado que Dios nos ha hecho. Sin ti este proyecto nunca hubiese sido posible. Eres la flor más bella del jardín de Dios.

A Kristal Aliz mi hija hermosa, eres el tesoro que Dios ha puesto a mi lado.

Índice

Reconocimientos

Nunca hubiese podido escribir este libro sin la ayuda de Dios. El cual a través del Espíritu Santo me ha dado las fuerzas para poder realizar este estudio exhaustivo de las Escrituras. A Dios sea toda la gloria, honra y honor. Gracias a mi amada Iglesia, la cual me honro en pastorear, Iglesia Sígueme. Gracias a todos los hermanos por su apoyo y respaldo al ministerio. Gracias por sus oraciones. Gracias a mi esposa Wilmarie y mi hija Kristal Aliz por ser parte de este proyecto, por sus consejos y apoyo. Las amo. También quiero agradecer, de todo corazón, a mis suegros Wilfredo y Julita por sus oraciones, por su ayuda y por estar siempre pendiente de mi familia. Mil gracias, porque en las buenas y en las malas siempre han creído y apoyado este ministerio.

Gracias a mi hermana Yaritza y mi cuñado Nicolás, en los últimos años se han convertido en una pieza importante cada vez que visito la isla de Puerto Rico. Sin ustedes sería imposible impactar las cientos de vidas que son edificadas en la isla, gracias por su ayuda en la edición del libro. Gracias también a mis tíos Héctor y Carmín por sus oraciones, sé que nunca han cesado de orar por este ministerio. Agradezco a mi hermano y amigo, el evangelista Jorge Santiago. Gracias por tus consejos para realizar este proyecto; pero muchas más gracias por tu amistad. También gracias al Pastor Jesús Rosario por ser la chispa que encendió la llama para hacer este libro.

Por último, quiero agradecer a todos los amigos, familiares, hermanos, líderes y pastores que por lo largo de los años han apoyado este ministerio. Gracias por ser de bendición a mi vida.

Introducción

Hoy llega a sus manos el resumen y las conclusiones a las cuales he llegado, de un estudio exhaustivo que he realizado en los últimos cinco años. Las conclusiones a las cuales he llegado en los temas que estás a punto de comenzar a leer, no han sido tomadas a la ligera, sino que me he dado a la tarea de profundizar y escudriñar cada tema detalladamente. Además de pedirle a Dios en oración su dirección y ayuda en la preparación de cada capítulo.

He podido experimentar lo que es ser guiado por el Espíritu Santo al estudiar cada tema de este libro. También el Espíritu Santo me ha dado la fuerza para poder lograr estudiar los textos Bíblicos por horas en mi escritorio. Han sido varias las ocasiones donde después de ocho o nueve horas leyendo y escudriñando la Biblia he tenido que detenerme por no tener la capacidad de ver las palabras. La vista se cansa después de tantas horas leyendo y todo se torna nublado y borroso. He vivido en carne propia lo que escribe el Apóstol Juan.

Juan 5:39
Escudriñar las Escrituras; porque a vosotros os parece que en ellas tenéis la vida eterna; y ellas son las que dan testimonio de mí.

He podido comparar mi estudio de las escrituras a un hombre que se dedica a buscar tesoros. Un hombre que lo único que tiene es un mapa y va buscando cada indicio, cada clave hasta encontrar el lugar preciso donde está el tesoro, para ahí comenzar a excavar, sacar rocas y tierra hasta encontrar el precioso tesoro escondido. De igual forma yo con unos textos de las Escrituras me he dado a la tarea de buscar cada detalle específico. Realizando preguntas como: ¿Por qué dijo esto?, ¿A quién se lo dijo?, ¿Cuándo lo dijo?, ¿Qué sucedía en el momento en que lo dijo? Luego de contestar todo esto, comenzar a excavar y encontrar el tesoro escondido. Ciertamente, cada capítulo ha sido una aventura poderosa. Cuando escudriño las Escrituras me doy cuenta de que sé muy poco de ellas y me falta mucho por aprender.

Mi esperanza es que cada persona que lea este libro pueda desarrollar más el estudio de la Biblia en su vida, pues tristemente en las últimas décadas la iglesia ha perdido algo muy importante para el crecimiento espiritual. La iglesia ha perdido el escudriñar las Escrituras. ¿Cómo llega la iglesia a esto? Por años el enemigo ha estado ganando terreno que le corresponde a la iglesia y nosotros lo hemos permitido. Lo hemos permitido cuando no traspasamos a las próximas generaciones la búsqueda y la intimidad con Dios, que se debe tener para lograr una vida espiritual exitosa.

En consecuencia, hoy podemos ver cientos de iglesias llenas de cristianos que no tienen una intimidad con Dios. Hombres y mujeres "cristianos" que no tienen la capacidad de discernir entre lo que es de Dios y lo que no es de Dios. Lo mismo les da visitar un concierto cristiano con un ministro de Dios o un concierto secular con un artista que posiblemente sea ateo o satánico.   Cristianos solo de nombre, que hoy adoran a Dios en una iglesia he inmediatamente salen se dirigen alimentar los deseos de la carne, llevando así una vida de engaño. Otros simplemente han resistido a Dios, no queriendo vivir una vida en santidad, que no es otra cosa que una vida de separación de todo lo profano, de todo lo que nos aleja de Dios. Posiblemente estos hombres y mujeres visitaban una iglesia donde se les predicaba el evangelio verdadero y completo; pero al no querer vivir una vida en santidad, buscaron una iglesia que se acomodara a sus placeres y deseos pecaminosos.   Provocando que hoy sean miembros de una iglesia diseñada para apartados, donde no se demanda ningún cambio, ni ninguna trasformación y mucho menos un nuevo nacimiento. Esto provoca que se levanten nuevas generaciones sin el conocimiento de las Escrituras y sin deseo a estudiarlas, aunque sean miembros de una iglesia. Hace algunos años leí de este tema en un artículo en internet, el cual le llamaba a esto, Analfabetismo Bíblico.

Es necesario que hagamos algo al respecto.   No es suficiente con tener una vida que le agrade a Dios y tener una buena intimidad con Dios, además de esto, también debemos enseñarles a nuestros hijos este camino, traspasándolo así a las próximas generaciones.   No podemos conformarnos con escuchar la poderosa palabra de Dios en nuestras iglesias.   Es necesario que en nuestro diario vivir también la podamos estudiar y escudriñar.

Un niño pequeño que vivía en lo más recóndito del campo a finales del siglo XIX había alcanzado la edad de doce años y nunca había visto un circo en su vida. Te puedes imaginar su emoción, cuando un día colgaron un cartel en su escuela anunciando que el próximo sábado un circo ambulante estaría en el poblado cercano. El pequeño corrió a su casa con la buena noticia y la pregunta: "Papá, ¿Podemos ir?" aunque su familia era pobre, el papá sintió lo importante que esto era para el muchacho. "Si haces tus tareas del sábado con antelación, me aseguraré de que tengas el dinero para ir", dijo el padre.

Al llegar el sábado por la mañana el pequeño había realizado las tareas y se encontraba junto a la mesa del desayuno vestido con su mejor ropa de domingo. El padre buscó en los bolsillos de su traje de faena y sacó un dólar; la mayor cantidad de dinero que el niño jamás había poseído en toda su vida. El padre le dijo que tuviese cuidado y lo envió en dirección al pueblo.

El niño estaba tan entusiasmado que sus pies parecían no tocar el suelo durante todo el trayecto. A medida que se acercaba a las afueras de la ciudad, el vio a personas alineándose en las calles y poco a poco se fue acomodando hasta ver lo que estaba sucediendo. ¡He aquí, se acercaba la espectacular cabalgata del circo!

La cabalgata era lo más grande que este chico había visto. Animales enjaulados rugían mientras pasaban. Las bandas tocaban su ritmo y tocaban trompetas relucientes, los enanos hacían acrobacias mientras las banderas y los lazos se arremolinaban encima. Al final, después de que todo había pasado, frente a donde él estaba, el tradicional payaso del circo, con sus zapatos flexibles, anchos pantalones y su cara brillantemente pintada, empezó animar a la multitud. Mientras el payaso pasaba, el niño metió su mano en el bolsillo y tomó el preciado dólar. Entregando el dinero al payaso, el niño se dio la vuelta y se marchó a su casa. ¿Qué pasó? ¡El niño pensó que había visto el circo cuando sólo vio la cabalgata!

Esto ha sido otra de las razones que me ha motivado a escribir este libro, pues, aunque en muchas iglesias se predica el evangelio verdadero y completo, es notable ver creyentes como este niño, emocionados por el circo; pero solo se conforman con la cabalgata, nunca en realidad ven el circo. Creyentes emocionados con la palabra; pero nunca en realidad escudriñan la misma. Es mi deseo que se levanten hombres y mujeres de Dios, dispuestos a ir más allá de lo acostumbrado, cristianos con conocimiento que no puedan ser engañados. Además, que se desarrolle más el estudio de las Escrituras, para que despierte mucho más el ministerio de maestros en nuestras iglesias.

He aprendido a respetar las opiniones de todos los hermanos y de igual forma yo respeto su opinión de los temas que he desarrollado en este libro, la cual puede ser diferente a la mía. Estoy seguro de que usted de igual forma respetara mis conclusiones. Sin embargo, es importante saber que hay enseñanzas que se han convertido en doctrinas y reglas en las iglesias y han sido originadas de la mala interpretación de porciones de las Escrituras. Provocando así que por años erróneamente enseñemos algo que esta incorrecto. El que un líder respetable repita una mala interpretación por muchos años y enseñe a grupos de hermanos esto erróneamente, no quiere decir que es verdad. Aunque ciertamente sea muy difícil o casi imposible convencer a este grupo de hermanos y enseñarles correctamente la verdad del texto. Hay algo que he aprendido y es que para introducir muebles nuevos en mi casa tengo que sacar los muebles viejos.

Personalmente, hay algo que he tenido que reconocer y no ha sido fácil. A pesar de que tuve una muy buena educación cristiana, hubo cosas que me las enseñaron mal y con el estudio profundo de la palabra he tenido que reconocer que así fue y aceptar lo correcto. En el momento en que me las enseñaron no me di a la tarea de escudriñar las enseñanzas y en consecuencia, las acepté como lo correcto. Es por esto que de igual forma, te exhorto amigo lector que al leer los temas que estas a punto de comenzar, tengas tu Biblia en mano y al igual que yo puedas escudriñarlos y convencerte de los hechos ciertísimos que están en las Escrituras.

También te pido que no te conformes con leer las conclusiones de los temas que he desarrollado en este libro.

Debes buscar, estudiar y escudriñar más para que puedas llegar a tus propias conclusiones y puedas defender más la verdad del evangelio. Ahora espero que tengas tu equipo de buscar tesoros listo, pues juntos iremos en una aventura a buscar los tesoros más preciados. Navegaremos por mares del conocimiento y llegaremos a las islas de la sabiduría y excavaremos hasta encontrar los *Tesoros Escondidos en las Escrituras.*

Tesoro 1

El deseado de las naciones

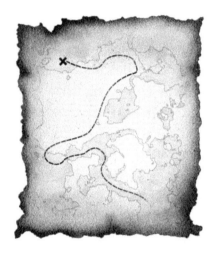

Hageo 2.7

y haré temblar a todas las naciones, y vendrá el Deseado de todas las naciones; y llenaré de gloria esta casa, ha dicho Jehová de los ejércitos.

Hay un momento en la vida de un hombre, donde desea hacer una familia. En ese momento una de las cosas que el hombre quisiera es ser querido, amado y deseado por una mujer. Cuando encuentra esto se casa y comienza su propia familia. Por otro lado, cuando un hombre tiene mucho dinero, llega el momento en que desea tener más y más, esto muchas veces se convierte en avaricia. Ahora bien, si éstas son cosas que en ocasiones desea el hombre. ¿Qué es lo que desean las naciones? Con tantas guerras que han ocurrido en los últimos siglos, podríamos pensar que las naciones desean: poder, riquezas, territorios, o hasta podríamos decir, petróleo. ¿Qué es lo que las naciones desean en realidad? Podrás encontrar la respuesta a esta pregunta en la Biblia en Hageo 2:7, donde nos habla del deseado de las naciones. Antes de entrar en el texto quisiera compartirles algo que sucedió hace muchos años atrás.

Cuando el telégrafo era el método más rápido para la comunicación a larga distancia un hombre completó una solicitud para un trabajo como operador de Clave Morse. Respondiendo a un anuncio del periódico, fue a la dirección de la oficina que se encontraba en la solicitud. Cuando llegó, entró a una oficina concurrida, con mucho bullicio y ruido, incluyendo el sonido del telégrafo al fondo. Un aviso en el escritorio de la recepcionista le dejaba saber a los candidatos al puesto de trabajo que completaran el formulario y esperaran hasta que fuesen llamados para entrar a la oficina interior.

El hombre completó su formulario y se sentó con otros siete candidatos en la sala de espera. Tras unos minutos, el hombre se levantó, cruzó la habitación a la siguiente oficina y entró. Naturalmente los otros candidatos miraron, preguntándose: ¿Qué estaba sucediendo? Murmuraban entre ellos que no habían escuchado a nadie llamarles aún. Asumieron que el hombre que entró a la oficina cometió un error y sería descalificado.

A los pocos minutos, sin embargo, el patrono escoltó al hombre fuera de la oficina y les dijo a los otros solicitantes: "Caballeros, gracias a todos por venir; pero el puesto de trabajo acaba de ser cubierto". Los otros candidatos comenzaron a quejarse unos a otros, y uno alzó la voz diciendo: "Un momento, no entiendo, él fue el último en llegar y nosotros nunca tuvimos oportunidad de ser entrevistados. Sin embargo, él consiguió el trabajo, ¡Eso no es justo!".

El patrono dijo: "Lo siento; pero todo el tiempo que ustedes han estado sentados aquí, el telégrafo ha estado sonando el siguiente mensaje en Clave Morse: Si entiendes este mensaje, entonces entra, el trabajo es tuyo. Ninguno de ustedes lo oyó o lo entendió, este hombre sí. El puesto es de él".

A muchas personas les pasa como en esta ilustración que acaban de leer. Piensan que están calificados; pero no entienden el mensaje. Todos estaban escuchando el mensaje; pero solo uno lo entendió. De siete personas que lo escucharon solo una persona entendió. De igual forma nos pasa cuando leemos un texto Bíblico y no sacamos el tiempo necesario para escudriñarlo y obtener la exégesis del mismo. Muchas veces no podemos entender que con solo estudiar un poco más el texto podremos obtener la enseñanza correcta del mismo. Obteniendo así una gran bendición. Esto ha ocurrido por años con El deseado de las naciones.

Con el pasar de los años que llevo en el evangelio he podido ver como este texto ha sido mal interpretado. Creo que ha sido uno de los más usados incorrectamente y mal aplicado. He podido escuchar a muchos predicadores decir que en esta porción Bíblica nos habla de Jesús como el deseado de las naciones. Y todavía más, he escuchado a muchas personas continuar repitiendo lo mismo. El que la mayoría de las personas tengan la misma opinión sobre algún tema, no significa que sea verdad. Y usted, ¿Quién piensa que es el deseado de las naciones? Te desafío a continuar leyendo y juntos con las Escrituras analizar y escudriñar a quién o a qué el Profeta Hageo se refiere con *el deseado de las naciones.* Juntos encontraremos el tesoro escondido en este texto.

Muchos hermanos han manifestado que el deseado de las naciones del cual habla el Profeta Hageo en este capítulo es sin duda Jesús. También algunos eruditos de las Escrituras han manifestado su inclinación a que posiblemente el

Profeta Hageo esté hablando de Jesús; pero dejando una interrogante y no lo afirman con seguridad. Dejando que el lector llegue a sus propias conclusiones según su propio estudio personal con relación al tema.

Esta inclinación, a que Jesús es el deseado de las naciones, podría sustentarse en el hecho de que se refiera aproximadamente quinientos años después de que Hageo profetizara estas palabras. Específicamente en el momento donde el Mesías Jesús entraría en el Templo y lo llenaría con su esplendor y paz. Para reforzar esta interpretación podríamos utilizar textos como:

Lucas 2:27-32
Y movido por el Espíritu, vino al templo. Y cuando los padres del niño Jesús lo trajeron al templo, para hacer por él conforme al rito de la ley, él le tomó en sus brazos, y bendijo a Dios, diciendo: Ahora, Señor, despides a tu siervo en paz, Conforme a tu palabra; Porque han visto mis ojos tu salvación, La cual has preparado en presencia de todos los pueblos; Luz para revelación a los gentiles, Y gloria de tu pueblo Israel.

Lucas 2:46-49
Y aconteció que tres días después le hallaron en el templo, sentado en medio de los doctores de la ley, oyéndoles y preguntándoles. Y todos los que le oían, se maravillaban de su inteligencia y de sus respuestas. Cuando le vieron, se sorprendieron; y le dijo su madre: Hijo, ¿por qué nos has hecho así? He aquí, tu padre y yo te hemos buscado con angustia. Entonces él les dijo: ¿Por qué me buscabais? ¿No sabíais que en los negocios de mi Padre me es necesario estar?

Mateo 21:12
Y entró Jesús en el templo de Dios, y echó fuera a todos los que vendían
y compraban en el templo, y volcó las mesas de los cambistas, y las sillas
de los que vendían palomas;

Sin embargo, otros hermanos y eruditos se han inclinado a pensar que esta porción es y se refiere al reino terrenal y milenial de Cristo. Pero una vez más no lo afirman, dejando nuevamente al lector que llegue a su propia conclusión. Para llegar a esta línea de pensamiento se pueden aplicar las siguientes porciones:

Mateo 25:31
Cuando el Hijo del Hombre venga en su gloria, y todos los santos
ángeles con él, entonces se sentará en su trono de gloria,

Apocalipsis 20:11-16
Y vi un gran trono blanco y al que estaba sentado en él, de delante del
cual huyeron la tierra y el cielo, y ningún lugar se encontró para ellos.
Y vi a los muertos, grandes y pequeños, de pie ante Dios; y los libros
fueron abiertos, y otro libro fue abierto, el cual es el libro de la vida; y
fueron juzgados los muertos por las cosas que estaban escritas en los
libros, según sus obras. Y el mar entregó los muertos que había en él; y
la muerte y el Hades entregaron los muertos que había en ellos; y
fueron juzgados cada uno según sus obras. Y la muerte y el Hades
fueron lanzados al lago de fuego. Esta es la muerte segunda. Y el que
no se halló inscrito en el libro de la vida fue lanzado al lago de fuego.

Esto aparentemente apoyaría que Jesucristo es el deseado de las naciones del cual habla el Profeta Hageo en su libro; pero ¿Quién es en realidad el deseado de las naciones? En primer lugar, debemos entender que cuando leemos un texto Bíblico con una mala traducción tendremos como consecuencia una interpretación errónea. Es precisamente el caso de Hageo 2.7 en la versión Reina-Valera de 1960. A continuación, te comparto varias traducciones del texto que no han cometido el error en su traducción.

Hageo 2:6-8 (Nueva Versión Internacional)
Porque así dice el SEÑOR Todopoderoso: "Dentro de muy poco haré que se estremezcan los cielos y la tierra, el mar y la tierra firme; ¡haré temblar a todas las naciones! Sus riquezas llegarán aquí, y así llenaré de esplendor esta casa —dice el SEÑOR Todopoderoso—. Mía es la plata, y mío es el oro —afirma el SEÑOR Todopoderoso—.

Hageo 2:6-8 (Nueva Traducción Viviente)
» El SEÑOR de los Ejércitos Celestiales dice: "Dentro de poco, haré temblar los cielos y la tierra, los océanos y la tierra firme una vez más. Haré temblar a todas las naciones y traerán los tesoros de todas las naciones a este templo. Llenaré este lugar de gloria, dice el SEÑOR de los Ejércitos Celestiales. La plata es mía y el oro es mío, dice el SEÑOR de los Ejércitos Celestiales.

Hageo 2:6-8 La Biblia de las Américas
Porque así dice el Señor de los ejércitos: "Una vez más, dentro de poco, yo haré temblar los cielos y la tierra, el mar y la tierra firme. "Y haré temblar a todas las naciones; vendrán entonces los tesoros de todas las naciones, y yo llenaré de gloria esta casa" dice el Señor de los ejércitos. "Mía es la plata y mío es el oro" declara el Señor de los ejércitos.

¡Interesante, verdad! Al leer estas traducciones nos dejan mucho que pensar. Ciertamente y lamentablemente, Jesús no ha sido el deseado de las naciones. El profeta Isaías lo dice en el capítulo 53 de su libro. *"...despreciado y desechado entre los hombres...".* El evangelio de Juan uno nos dice que *"A lo suyo vino, y los suyos no le recibieron".* Realmente Jesús ha sido el deseado de una sola nación. La Biblia la describe como la Nación Santa el pueblo adquirido por Dios.

Para poder entender lo que el Profeta Hageo nos quiere decir, es importante conocer que el Templo que se construía en los tiempos de Hageo es el de Zorobabel. Este es construido en el mismo lugar que el Templo de Salomón. El cual había sido destruido por los babilonios bajo el reinado de Nabucodonosor, aproximadamente en el 587 a.c. El templo de Zorobabel es terminado aproximadamente en el 515 a.c. Luego de esto, y años después, el templo fue profanado por los romanos y de acuerdo a la cronología de la Biblia se comenzó a reconstruir en el año 20 a.c. por Herodes. El templo que comenzó a reconstruir Herodes fue el que Jesús visitó en varias ocasiones. El templo de Herodes fue destruido por Tito y su ejército romano en el 70 después de Cristo. Provocando así que nunca se finalizara la reconstrucción que Herodes comenzó.

El problema en tiempos de Hageo era que el templo que construían, comparado con el de Salomón, era un templo humilde y sencillo. Cuando el pueblo comenzó a reedificar el templo de Zorobabel no tenían oro ni plata. Por lo tanto, la decoración y los adornos de este templo eran bien sencillos. Esto fue un problema para las personas ancianas, ya que provocó en ellas nostalgia al recordar el templo de

Salomón y compararlo con el de Zorobabel. Ellos comenzaron a quejarse, veamos el siguiente texto.

Hageo 2:3
¿Quién ha quedado entre vosotros que haya visto esta casa en su gloria primera, y cómo la veis ahora? ¿No es ella como nada delante de vuestros ojos?

Como mencioné anteriormente, muchas de las personas ancianas habían visto el esplendor del templo de Salomón. Habían adorado a Dios en sus atrios y habían participado de las fiestas principales y ritos que caracterizan al pueblo judío. Todo esto provocaba que ellos se negaran a olvidar aquella fama, gloria y esplendor de aquel Templo. La realidad del asunto era que la situación en ese momento de pobreza y falta de medios provocó una amargura entre los ancianos. Ellos, a su vez, la trasmitieron a los jóvenes provocando así, un ambiente negativo que empañaba el estado de ánimo festivo y alegre que caracteriza a los jóvenes. Precisamente en este momento donde el pueblo esta desanimado y desconsolado, es que baja la palabra de Dios por medio del Profeta Hageo. Esta vez lo compartiré con ustedes en la Biblia la Nueva Versión Internacional.

Hageo 2:4-9
Pues ahora, ¡ánimo, Zorobabel! afirma el Señor. ¡Ánimo, Josué hijo de Josadac! ¡Tú eres el sumo sacerdote! ¡Ánimo, pueblo de esta tierra! afirma el Señor. ¡Manos a la obra, que yo estoy con ustedes! afirma el Señor Todopoderoso. Mi Espíritu permanece en medio de ustedes, conforme al pacto que hice con ustedes cuando salieron de Egipto".» No teman, porque así dice el Señor Todopoderoso: "Dentro de muy

poco haré que se estremezcan los cielos y la tierra, el mar y la tierra firme; ¡haré temblar a todas las naciones! Sus riquezas llegarán aquí, y así llenaré de esplendor esta casa dice el Señor Todopoderoso. Mía es la plata, y mío es el oro afirma el Señor Todopoderoso. El esplendor de esta segunda casa será mayor que el de la primera dice el Señor Todopoderoso. Y en este lugar concederé la paz", afirma el Señor Todopoderoso».

Ahora es más fácil entender cuál es el verdadero deseado de las naciones o, mejor dicho, qué es lo que las naciones desean. Todas las naciones desean oro, plata, riquezas y Dios está hablando a través del Profeta Hageo, explicándole al pueblo lo que hará dentro de muy poco tiempo. Es aquí donde vemos que el texto tendrá cumplimiento en la Nueva Jerusalén, en la cual la Biblia nos habla en Apocalipsis veintiuno. Cuando el Profeta Hageo escribe en el versículo ocho *"mía es la plata y mío es el oro"*, estaba hablando de tesoros materiales. Él no está hablando de Cristo como si El fuera el deseo de todas las naciones, sino que está hablando de la gloria postrera de la Casa de Dios, el Templo. Luego del juicio y la gran tribulación, luego que ocurra todo lo que es resumido en el versículo seis que habla el Profeta, veremos lo que Juan también vio en Apocalipsis.

Apocalipsis 21:1-7

Vi un cielo nuevo y una tierra nueva; porque el primer cielo y la primera tierra pasaron, y el mar ya no existía más. Y yo Juan vi la santa ciudad, la nueva Jerusalén, descender del cielo, de Dios, dispuesta como una esposa ataviada para su marido. Y oí una gran voz del cielo que decía: <u>He aquí el tabernáculo</u> de Dios con los hombres, y él morará con *ellos; y ellos serán su pueblo, y Dios mismo estará con ellos como su Dios. Enjugará Dios toda lágrima de los ojos de ellos; y ya no habrá muerte, ni habrá más llanto, ni clamor, ni dolor; porque las primeras cosas pasaron. Y el que estaba sentado en el trono dijo: He aquí, yo hago nuevas todas las cosas. Y me dijo: Escribe; porque estas palabras son fieles y verdaderas. Y me dijo: Hecho está. Yo soy el Alfa y la Omega, el principio y el fin. Al que tuviere sed, yo le daré gratuitamente de la fuente del agua de la vida. El que venciere heredará todas las cosas, y yo seré su Dios, y él será mi hijo.*

La gloria y el esplendor de este templo que describe Juan serán mayores que la gloria del templo de Salomón y el de Zorobabel. Aquí encajaría la profecía que dice que *"El esplendor de esta segunda casa será mayor que el de la primera"*, porque el dueño del oro y la plata es Dios. Concluyendo así que el deseado de las naciones son los tesoros, las riquezas, el oro y no Jesús. He aquí el tesoro escondido en este texto.

Tesoro   2

La mujer calle en la congregación

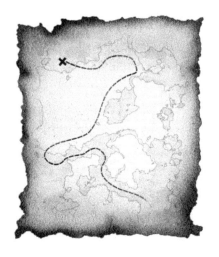

1 Corintios 14:34-35
Vuestras mujeres callen en las congregaciones; porque no les es permitido hablar, sino que estén sujetas, como también la ley lo dice.   Y si quieren aprender algo, pregunten en casa a sus maridos; porque es indecoroso que una mujer hable en la congregación.

¿Alguna vez te has puesto analizar este verso? ¿Has entrado alguna vez en un debate sobre su interpretación? Probablemente sí, considero que este es otro de los textos más controversiales de la Biblia. Por años muchas personas han debatido sobre él, e inclusive hay iglesias que han establecido sus dogmas en torno a él. Ellos están convencidos de que la mujer debe callar en la congregación, por lo que la tienen muy en poco en sus iglesias. En mi estudio relacionado con esta tema he encontrado que hay muchas interpretaciones de esta porción, creo que más de las que pude imaginar.

Algunos eruditos y teólogos se inclinan a pensar en la cultura de corinto, ya que a la mujer no le estaba permitido confrontar al hombre en público y al parecer algunas mujeres pensaron que al convertirse al cristianismo podían hacerlo. Aparentemente, lo que estaba ocurriendo era que interrumpían sin necesidad para hacer preguntas que podían hacer en la casa. Otros han llegado a la conclusión de que a la mujer se le prohíbe hablar con autoridad, enseñar, que no deben ejercer el ministerio de la palabra, ni emitir juicios o hacer preguntas en público y mucho menos profetizar y hablar en lenguas. Este tipo de pensamiento podría agarrar más fuerza cuando se utilizan otras porciones de la Biblia para darle más firmeza al mismo. Los eruditos que comparten este pensamiento junto con 1 Corintios 14:34-35 también utilizan Efesios 5:24 y 1 Timoteo 2:11-15 para fortalecer sus creencias o sus dogmas.

Efesios 5:24
Así que, como la iglesia está sujeta a Cristo, así también las casadas lo estén a sus maridos en todo.

1 Timoteo 2:11-15
La mujer aprenda en silencio, con toda sujeción. Porque no permito a la mujer enseñar, ni ejercer dominio sobre el hombre, sino estar en silencio.

De primera intención, al ver estos textos, es comprensible la inclinación que muchos eruditos y hermanos con el pasar de los años han tomado. Esto ha provocado que se denigre a la mujer. Sin embargo, yo renuncio a compartir este pensamiento y prefiero estudiar más el tema, profundizar, ver los detalles y excavar para desenterrar este gran tesoro que ha estado escondido por muchos años. Antes, compartiré con ustedes un breve suceso que nos enseña la importancia de ver los detalles.

Sobre el escritorio del Señor William Osler, un eminente profesor de medicina en la Universidad de Oxford, había una pequeña botella que contenía orina. Frente a él estaba sentada una clase llena de jóvenes bien atentos que estudiaban medicina, escuchando su lección acerca de la importancia de observar los detalles. Para resaltar su punto, Osler anunció: "Esta botella contiene una muestra para análisis. Es comúnmente posible probándola que determinaremos la enfermedad que el paciente sufre".

Entonces el mojó el dedo en el fluido y se lo llevó a la boca. A continuación dijo: "Ahora voy a pasar la botella. Cada uno de ustedes va a hacer exactamente lo que yo hice. Posiblemente podamos aprender la importancia de esta técnica y el diagnóstico de este caso". La botella fue pasada entre las filas y cada estudiante metió cautelosamente el dedo dentro y valientemente probó la muestra del contenido frunciendo el ceño. El Dr. Osler entonces tomó la botella y sorprendió a sus estudiantes diciendo: "Caballeros, ahora van a entender lo que quiero decir cuando hablo sobre los detalles. ¡Si hubiesen sido observadores, se hubiesen dado cuenta de que fue mi dedo índice el que introduje en la botella y el dedo del corazón en mi boca!"

¡Cuán importante es estar atentos a los detalles!   En nuestras vidas muchas veces no prestamos atención a ellos y mucho menos al leer la Biblia. Eso es lo que vamos a ver en este capítulo. Anteriormente, habíamos mencionado diferentes formas de pensar de algunos hombres y eruditos sobre el texto a discusión.   En primer lugar, si nos inclinamos a pensar así contradijéramos toda la Biblia, ya que desde el principio vemos la participación de la mujer en el pueblo de Dios.   Si analizamos las Escrituras detalladamente vemos a la mujer en el plan de Dios todo el tiempo.   Por ejemplo, en el Antiguo Testamento vemos a Deborah que en sus tiempos no solo gobernaba, sino que también era profetiza.

Jueces 4:4-5
Gobernaba en aquel tiempo a Israel una mujer, Débora, profetisa,
mujer de Lapidot; y acostumbraba sentarse bajo la palmera de Débora,
entre Ramá y Bet-el, en el monte de Efraín; y los hijos de Israel subían
a ella a juicio.

Otra mujer que vemos en el Antiguo Testamento es Hulda, profetisa también.

2 Reyes 22:14
Entonces fueron el sacerdote Hilcías, y Ahicam, Acbor, Safán y Asaías,
a la profetisa Hulda, mujer de Salum hijo de Ticva, hijo de Harhas,
guarda de las vestiduras, la cual moraba en Jerusalén en la segunda
parte de la ciudad, y hablaron con ella.

También en el Antiguo Testamento vemos la importancia de la mujer y la mujer en el plan de Dios como por ejemplo: Noemí, Ester, Ruth, Abigail entre otras. Luego, si pasamos al Nuevo Testamento, en Hechos 21:8-9 vemos a Felipe, que era evangelista y tenía cuatro hijas que profetizaban.

Hechos 21:8-9
Al otro día, saliendo Pablo y los que con él estábamos, fuimos a
Cesárea; y entrando en casa de Felipe el evangelista, que era uno de los
siete, posamos con él. Este tenía cuatro hijas doncellas que
profetizaban.

También vemos en Romanos 16:1, 6, 12 a mujeres como Febe, María, Trifena, Trifosa, Persida y en Filipenses a Evodia y Sintique.

Romanos 16:1, 6, 12
Os recomiendo además nuestra hermana Febe, la cual es diaconisa de la iglesia en Cencrea; Saludad a María, la cual ha trabajado mucho entre vosotros. Saludad a Trifena y a Trifosa, las cuales trabajan en el Señor. Saludad a la amada Pérsida, la cual ha trabajado mucho en el Señor.

Filipenses 4:2
Ruego a Evodia y a Síntique, que sean de un mismo sentir en el Señor.

Ciertamente, podemos ver la importancia de la mujer en toda la Biblia. Sin embargo, sabemos que la palabra de Dios dice que la mujer tiene que estar sujeta al hombre porque *"...el marido es la cabeza de la mujer así como Cristo es la cabeza de la Iglesia"* (Efesios 5:23). Según esta porción y primera de Timoteo 2:11-15, el cual escribí anteriormente, donde Pablo exhorta a que la mujer aprenda en silencio. En aquella época Pablo estaba yendo por encima de la costumbre local, donde le era prohibido a la mujer aprender. Luego Pablo continúa diciendo que a la mujer se le era prohibido enseñar. Posiblemente la insistencia y los motivos de Pablo al decir a Timoteo *"no permito a la mujer enseñar"*, fueron por causa de los falsos maestros.

En la época se estaban levantando estos falsos maestros y las mujeres eran presas fáciles para estos, debido a que a la mujer se le era prohibido aprender y ellos aprovechaban que ellas no tenían el conocimiento necesario. Esto les daba lugar a ellos a sembrar sus falsas doctrinas y confundirlas; pero ahora Pablo exhorta a que aprendan la verdad para evitar que fueran engañadas. En ese momento la mujer no estaba lista para enseñar. Pablo se había dado cuenta del gran error cultural que era el que la mujer no aprendiera y ahora estaban sufriendo las consecuencias de que los falsos maestros las engañaban. Es por esto que exhorta, por encima de la cultura, a que aprendan; pero por el momento, a no enseñar. Nosotros no debemos tomar el texto y convertirlo en algo universal, pues hay que ver el trasfondo histórico del texto antes de crear una doctrina. Además de esto, la Biblia nos enseña que la mujer y el hombre son uno en Cristo.

Gálatas 3:28
Ya no hay judío ni griego; no hay esclavo ni libre; no hay varón ni mujer; porque todos vosotros sois uno en Cristo Jesús.

Entendiendo todo esto analicemos bien 1 de Corintios 14:34-35.

1 Corintios 14:34-35
Vuestras mujeres callen en las congregaciones; porque no les es permitido hablar, sino que estén sujetas, como también la ley lo dice. Y si quieren aprender algo, pregunten en casa a sus maridos; porque es indecoroso que una mujer hable en la congregación.

En primer lugar, para poder entender en su magnitud lo que el Apóstol Pablo está hablando debemos comprender el trasfondo que existió con la carta de primera de Corintios. Ciertamente, tenemos la evidencia necesaria para decir que esta carta no fue la primera carta escrita por Pablo a la Iglesia de Corinto. Aunque en nuestras Biblias es notable ver que diga   primera de Corintios, realmente esta "primera" es la segunda y la "segunda" sería la tercera carta a Corinto.   La evidencia de esto la encontramos en la misma carta donde Pablo hace referencia a una carta anterior a primera de Corintios.   (Notemos las palabras *os he escrito* que aparecen en el texto)

1 Corintios 5:9 y 11
Os he escrito por carta, que no os juntéis con los fornicarios; Más bien os escribí que no os juntéis con ninguno que, llamándose hermano, fuere fornicario, o avaro, o idólatra, o maldiciente, o borracho, o ladrón; con el tal ni aun comáis.

Lamentablemente, con el pasar de los años esta carta se perdió, no se pudo conservar. Lo que sí sabemos es que uno de los temas que hablaba era el de no juntarse con los fornicarios o   personas inmorales.   Además   de   esto, aparentemente hay otra carta que también se perdió, no pudo ser conservada; pero en esta ocasión la carta proviene de la Iglesia de Corinto al Apóstol Pablo. Esta evidencia la podemos ver en 1 de Corintios 7.1 (Note aquí las palabras que usa Pablo *"me escribiste"*)

1 Corintios 7:1
En cuanto a las cosas de que me escribisteis, bueno le sería al hombre no tocar mujer;

Aparentemente esto fue lo que ocurrió; Pablo escribe una carta antes de primera de Corintios, la cual fue recibida por la iglesia y discutida por toda la congregación.   Esto provoca y crea algunas dudas entre los hermanos. Es por esto que la iglesia de Corinto escribe una carta en respuesta a esta primera carta que había escrito el Apóstol Pablo. Ahora ellos escriben una pidiendo un poco más de información con relación algunos temas que Pablo tocó en la primera carta que ellos no podían entender. Usted puede sacar tiempo y estudiar los siguientes versículos (1 Corintios 7:1, 8:1, 12:1, 16:1) Todos estos hablan sobre esas dudas; pero aquí Pablo, respondiendo y aclarando todas ellas. Entonces la carta de primera de Corintios, que es la que tenemos hoy en nuestras Biblias, es en parte una respuesta a la carta hecha por la iglesia de Corinto pidiendo que Pablo les explicara algunas cosas.

Es muy importante entender todos estos detalles a la hora de leer primera de Corintios 14: 34-35. Ya que en estos dos textos no parecen palabras escritas por el Apóstol Pablo. Más bien parecen palabras de la carta escrita por la Iglesia de Corinto. Aparentemente lo que Pablo hizo aquí fue extraer de esa carta estas palabras y las coloca aquí porque eran ellos los que pretendían silenciar a la mujer. Fijémonos en el versículo treinta y cuatro específicamente en la parte final.

1 Corintios 14:34-35

Vuestras mujeres callen en las congregaciones; porque no les es permitido hablar, <u>sino que estén sujetas, como también la ley lo dice.</u>

En la parte donde dice: *"sino que estén sujetas, como también la ley lo dice"*. Es importante aquí aclarar que la ley en todo el Antiguo Testamento no habla sobre esto. Sin embargo, el Talmud si lo habla. El Talmud recoge leyes judías, tradiciones, costumbres, leyendas, historias, además de deshonrar torpemente a la mujer. Así que la ley que cita no es La Tora, sino el Talmud y el Apóstol Pablo, que es un conocedor de la ley no cometería el error de escribir esto; pero si la iglesia de Corinto pudo haber cometido el error. Por esto entendemos que es un extracto de la carta de Corinto dirigida a Pablo. Lo que el Apóstol Pablo está tratando de hacer aquí es tomar ese fragmento de la carta que ellos le escribieron y colocarla entre sus líneas. Como queriendo decir: "Me preguntaste si la mujer calle en la congregación;   porque no les es permitido…" (Termina hasta el versículo treinta y cinco)   Para luego en el versículo treinta y seis al cuarenta, con palabras de él, responder estas dudas de ellos. Esta es la respuesta del Apóstol Pablo.

1 Corintios 14:36-40
¿Acaso ha salido de vosotros la palabra de Dios, o sólo a vosotros ha llegado? Si alguno se cree profeta, o espiritual, reconozca que lo que os escribo son mandamientos del Señor. Más el que ignora, ignore. Así que, hermanos, procurad profetizar, y no impidáis el hablar lenguas; pero hágase todo decentemente y con orden.

Está claro aquí que vemos a Pablo retomar sus palabras del versículo treinta y tres y los anteriores a estos donde habla sobre las lenguas y profetizar. El Apóstol Pablo no está diciendo aquí que la mujer calle, sino todo lo contrario. Él está diciendo que profeticen y hablen en lenguas también; pero ordenadamente. Este es el tesoro escondido en esta porción. La iglesia de Corinto podía entender muy bien lo que Pablo estaba diciendo. Sin embargo, con el pasar de los años las futuras generaciones no lo entendieron. Por ende, crearon así doctrinas de error donde se denigra a la mujer, y a la misma vez contradiciendo las Escrituras.

Sé que mis palabras posiblemente choquen con muchos líderes o ministros y yo personalmente respeto la opinión de todos. De igual forma yo también pido respeto para mis conclusiones. El llegar a escribir los temas de este libro me ha tomado horas y días estudiarlos y en algunos casos, como en este capítulo, "La mujer calle en la congregación", me ha tomado varios años profundizar y encontrar el verdadero trasfondo del texto. Realmente la preparación de estos temas ha sido un estudio exhaustivo. Por eso estoy convencido de que la mujer es una pieza importante en el plan de Dios. Quizás el hombre no le dé el valor que la mujer se merece; pero ciertamente, desde el principio vemos a Dios darle su valor he importancia a la mujer. En mi caso personal, en los últimos años, en las iglesias que he levantado, la ayuda de mi esposa ha sido clave para poder levantarlas. Tendría que concluir diciendo y reconociendo que sin la ayuda, el respaldo, el apoyo y las oraciones de mi esposa, es casi imposibles ejercer el Ministerio. He escuchado una frase que dice que: "detrás de un hombre de

Dios hay una mujer en oración, refiriéndose así a la esposa de ese hombre de Dios." Yo personalmente no pudiera decir esta frase, pues mi esposa nunca ha estado detrás de mí; sino, siempre a mi lado. No detrás, al lado, apoyándome en la visión de Dios. Yo soy testigo de lo que Dios puede hacer con una mujer.

Tesoro 3

Este género no sale sino es con oración y ayuno

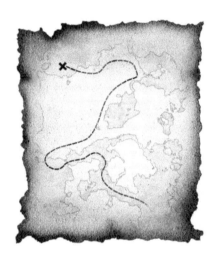

Marcos 9:29
Y les dijo: Este género con nada puede salir, sino con oración y ayuno.

Un niño pequeño pasaba la mañana del sábado jugando en su caja de arena. Tenía consigo su caja de autos y camiones, su cubo de plástico y una pala de plástico roja brillante. Conforme creaba carreteras y túneles en la blanda arena, el niño descubrió una roca grande en medio de la caja de arena. El muchacho cavó alrededor de la roca, pudiendo desalojarla de la tierra. Sin mucho esfuerzo, empujo y movió la roca al otro lado de la caja de arena, utilizando sus pies. (Él era un niño pequeño y la roca era bastante grande). Sin embargo, cuando el niño consiguió desplazar la roca al borde de la caja de arena se dio cuenta de que no podía levantarla y tirarla por el borde. Envuelto en su afán el niño empujó y apalancó; pero cada vez que pensaba que había obtenido algún progreso, la roca se caía nuevamente a la caja de arena. El niño gruñó, luchó, empujó; pero lo único que consiguió fue machacarse sus carnosos dedos cada vez que la roca volvía a caerse. Al final se echó a llorar de frustración. Durante todo este tiempo el padre del niño observaba por la ventana de la sala lo que estaba ocurriendo. En el momento en que aparecieron las primeras lágrimas una gran sombra cayó sobre el niño y la caja de arena. Era el padre del niño. Gentil; pero firme, dijo: "Hijo, ¿Por qué no utilizaste toda la fuerza que tienes a tu disposición?" Vencido, el niño sollozó: "¡Pero lo intenté, papá, lo intenté! ¡Utilicé toda la fuerza que tenía!", "No hijo", le corrigió el padre cariñosamente "no utilizaste toda la fuerza que tenías. No me llamaste a mí". Con eso el padre se agachó, agarró la roca, y la sacó fuera de la caja de arena.

Muchas veces queremos hacer las cosas con nuestras propias fuerzas y se nos olvida que solo podemos hacerlas con la ayuda de Dios, nuestro padre celestial. Como único nosotros podemos solicitar la ayuda de Dios es a través de la oración. Al igual que una planta necesita agua y sol para crecer y vivir, también así la vida del cristiano necesita de la oración, del ayuno y el estudio de la Palabra de Dios para tener una vida espiritual saludable. Un cristiano sin estas tres cosas, sería igual que si un carpintero construyera una casa de madera sin clavos. ¡Jamás podría construir una casa sin clavos o tornillos! Igual el cristiano, no puede construir una vida con Dios sin ayuno, oración y estudio de la Biblia. Aquellos cristianos que piensan que sí y no hacen estas cosas, simplemente son cristianos de nombre.

Tristemente, en los tiempos que vivimos en la mayoría de las iglesias no se enseña esto. Cuando levanté mi segunda iglesia en el pueblo de New Caney, a las afueras de la Ciudad de Houston, esto fue algo que noté continuamente en las iglesias. Incluso recuerdo en una ocasión hablar con una persona que tomaba un discipulado. Esta persona perseveraba en una mega iglesia y ese día que tuvimos una corta conversación acababa de tomar una clase donde le hablaron de la oración. Su discipulado recalcaba la importancia de orar; pero sorprendentemente enfatizaba en no tener que hacer largas oraciones y que había que romper con la costumbre de orar treinta minutos o una hora o más de una hora. El discipulado continuaba diciendo que los que así lo hacen son religiosos y lo más importante era orar solo cinco minutos, pues esto era suficiente. Cuando escuché esto quedé sin palabras. Tuve que tomar el libro de discipulado y leerlo para poder creerlo. La persona estaba muy feliz con su nuevo discipulado, ya que en tiempos atrás en otra iglesia donde perseveraba le habían enseñado la importancia de orar y de tener intimidad con Dios; pero ahora en su nueva Iglesia esto no era necesario.

Por difícil que parezca esto es algo que está ocurriendo mucho en algunas iglesias y no solo en la ciudad de Houston. Sino en muchos lugares del mundo. Muchos cristianos se han olvidado de algo tan importante como la oración. Lo más triste es que al hablar con este tipo de cristiano me doy cuenta de que todo tiene que ver con la obra de Dios; pero no se han dado cuenta de que han sacado al Dios de la obra. He notado que ellos están muy concentrados y ocupados en hacer obras de caridad y servirle a Dios, que no les queda tiempo para hablarle. Es como si jugaran béisbol para Dios; pero sacaron a Dios del parque y créeme cuando te digo que Dios está más interesado en la comunión y la intimidad que usted tenga con Él, que todo lo que usted realice para Él. A Dios siempre le ha interesado más tu vida y la relación que tengas con Él, que tu productividad. Mucha iglesias han olvidado esto, abandonando la oración y la verdad del evangelio para ceder a las modas mundanas. Perdieron el enfoque y ahora lo que muchas veces vemos son servicios que muchas veces van dirigidos a las emociones de las personas. Por consecuencia vemos adoradores más interesados en sus espectáculos que en la adoración a Dios. Renunciando así al evangelio de Jesucristo que con la unción y el poder del Espíritu Santo puede transformar a las vidas sin tener ninguna necesidad de apelar a las emociones de las personas. En una ocasión conversé con una persona que estaba un poco molesta porque había visitado una iglesia y no le gustó la adoración, lo único que pude hacer fue preguntarle lo siguiente: "¿La adoración era para ti? La persona simplemente no tuvo más palabras que decir, dio la vuelta y se fue.

No me mal interprete, pues no tengo nada en contra de las iglesias contemporáneas y las mega iglesias, pues muchas veces he sido invitado a compartir con ellos la palabra de Dios. Debo reconocer que no en todas está ocurriendo todo esto. También he podido notar esto en muchas iglesias tradicionales. Esto es algo que está afectando a todas las iglesias del Señor Jesucristo en general. Muchas iglesias abren sus puertas el domingo y se llenan de personas que muchas veces lo que buscan es adorar a Dios y ser transformados; pero en el momento del servicio saltan, se sacuden, lloran, gritan por la emoción de la música o un mensaje dirigido a las emociones. Para luego salir igual que como entraron, las personas salen emocionadas; pero no transformadas. Todo esto ha estado ocurriendo por dejar la intimidad con Dios, por abandonar la oración. Pienso, creo y estoy convencido de que el verdadero culto a Dios provocará que por el Espíritu Santo las vidas puedan salir transformadas y no emocionadas ni asombradas.

En el evangelio de Marcos nos habla algo muy interesante acerca de la oración que quisiera compartir con ustedes.

Marcos 9:29

Y les dijo: Este género con nada puede salir, sino con oración y ayuno.

Antes de entrar en este texto y descubrir el tesoro escondido, primeramente debemos conocer que esta porción de la palabra, que comienza en el versículo catorce hasta el veintinueve, nos habla sobre un muchacho endemoniado que es traído a Jesús debido a que los discípulos no habían podido echarle fuera. El padre del muchacho le explica toda la situación del muchacho a Jesús y Él procede a echar fuera el demonio. Luego, los discípulos le preguntan a Jesús, por qué ellos no pudieron echarle fuera, lo que Jesús respondió es lo que encontramos en el versículo veintinueve. Esta porción también es incluida en el evangelio de Mateo; pero en el capítulo 17: 14-21. Debemos entender que en Mateo en el versículo veintiuno, donde dice: *"Pero este género no sale sino con oración y ayuno".* Esta frase es añadida siglos después a la porción y que no fue escrita por Mateo. También la palabra ayuno es añadida en el versículo veintinueve de Marcos nueve. Así que correctamente y como está el texto originalmente es: *"Este género con nada puede salir, sino con oración".*

En primer lugar, debemos aclarar que el ayuno es muy importante para la vida del creyente; pero, ciertamente, no es algo necesario para que un demonio tenga que salir de una persona. Los demonios son echados fuera por el poder del Espíritu Santo y en el nombre de Jesús. Los demonios no dependerán de que usted haya ayunado o no para salir, pues no es usted, ni son sus propias fuerzas las que expulsan el demonio. Tampoco el demonio le preguntará a usted si ayuno o no para poder irse. Usted se imagina a un demonio decirle a usted: "Como no has ayunado esta semana, no me puedo ir, aquí me quedo". Aunque una vez más es necesario aclarar que el ayuno es muy importante. El ayuno da más fuerza y peso a la oración y posiblemente algunos escribas se inclinaron añadirlo a la porción siglos después porque conocían esto.

Entendiendo esto, me gustaría profundizar un poco en las palabras: *"este género"*. ¿A qué género se refiere Jesús cuando dice estas palabras a sus discípulos? Ciertamente, todos sabemos que el reino de las tinieblas está bien organizado y tiene diferentes rangos. Estoy convencido de que no importa su rango o la tarea que se le haya encomendado, en el nombre de Jesús y con el poder del Espíritu Santo, tendrá que irse. Sin embargo, es importante entender que en algunos la lucha es más fuerte y la batalla espiritual que se lucha, puede ser más intensa que en otros; pero en el nombre de Jesús tienen que salir. Para poder comprender mejor a qué género Jesús se refiere, debemos volver al versículo de Marcos nueve, diecinueve.

Marcos 9:19

Y respondiendo él, les dijo: ¡Oh generación incrédula! ¿Hasta cuándo he de estar con vosotros? ¿Hasta cuándo os he de soportar? Traédmelo.

La palabra clave en este texto es "generación incrédula". Cuando Jesús dice estas palabras específicamente se está dirigiendo a sus discípulos y les está diciendo "incrédulos". Es muy posible que, aunque los discípulos habían sido enviados a hacer esto, y libertar a las personas, el exceso de confianza los traicionara. Nosotros como creyentes debemos entender que siempre dependemos completamente de Dios y que nada podemos hacer sin Él. En el caso de los discípulos quizás al ver el poder que Jesús les había dado y ver como Dios los estaba usando provocó este exceso de confianza. Además de esto, posiblemente, su fe y sus oraciones habían disminuido provocando un poco de incredulidad en sus corazones. Sabemos que cuando se trata de escenas donde Dios va a hacer una liberación, la persona que Dios va a usar debe estar bien firme en los negocios de Dios. Pensemos por un momento en esta porción Bíblica en Hechos 19: 13-17.

Hechos 19:13-17

Pero algunos de los judíos, exorcistas ambulantes, intentaron invocar el nombre del Señor Jesús sobre los que tenían espíritus malos, diciendo: Os conjuro por Jesús, el que predica Pablo. Había siete hijos de un tal Esceva, judío, jefe de los sacerdotes, que hacían esto. Pero respondiendo el espíritu malo, dijo: A Jesús conozco, y sé quién es Pablo; pero vosotros, ¿quiénes sois? Y el hombre en quien estaba el espíritu malo, saltando sobre ellos y dominándolos, pudo más que ellos, de tal manera que huyeron de aquella casa desnudos y heridos. Y esto

fue notorio a todos los que habitaban en Éfeso, así judíos como griegos;
y tuvieron temor todos ellos, y era magnificado el nombre del Señor
Jesús.

Ciertamente, con estas cosas no se juega y en el caso de los discípulos, según Marcos nueve diecinueve, vemos que la incredulidad se había apoderado de ellos. ¿Qué sería lo que provocó esta incredulidad? No lo sabemos. Lo que sí sé, es que en mi experiencia como ministro he visto a muchas personas que tristemente están mal delante de Dios; pero aun así Dios en su infinita misericordia y por amor a las vidas continúa usándolos con poder. Sin embargo, yo no soy quien para juzgar a esas personas. De algo si estoy seguro, el que Dios te esté usando hoy no quiere decir que Dios acepte y apoye lo que haces. Esto se ve muy claro en Moisés, vayamos al libro de Números.

Números 20:7-8 y 11-12
Y habló Jehová a Moisés, diciendo: Toma la vara, y reúne la
congregación, tú y Aarón tu hermano, y <u>hablad a la peña</u> a vista de
ellos; y ella dará su agua, y les sacarás aguas de la peña, y darás de
beber a la congregación y a sus bestias. Entonces alzó Moisés su mano
<u>y golpeó la peña</u> con su vara dos veces; y salieron muchas aguas, y
bebió la congregación, y sus bestias. Y Jehová dijo a Moisés y a Aarón:
Por cuanto no creísteis en mí, para santificarme delante de los hijos de
Israel, por tanto, no meteréis esta congregación en la tierra que les he
dado.

Aquí es muy claro ver esto, ya que a Moisés se le habían dado unas instrucciones claras, las cuales eran: *"<u>hablad a la peña</u>"*. Sin embargo, él no lo hizo así, según el texto, él *"golpeó la peña"*. Esto aunque permitió que el pueblo recibiera el agua y fuera bendecido, también provocó un castigo hacia Moisés. Dios no apoyó ni aceptó el acto de desobediencia de Moisés al golpear la peña, todo por la ira y el enojo. Las consecuencias hacia Moisés fueron, no poder entrar a la tierra prometida.

Hoy día también se ve mucho esto y cada ministerio debe velar por hacer las cosas correctamente. En el caso de los discípulos, Dios los estaba usando; pero algo provocó su incredulidad. En este caso la oración es clave. Estoy convencido de que el género al cual se refiere Jesús en el versículo veintinueve es la incredulidad. Este género con nada puede salir sino con la oración.

La mucha oración y tu intimidad con Dios provocaran en usted credulidad, aumentará su fe, porque todo es posible si puedes creer. Es lo que Jesús está tratando de enseñarnos en esta porción Bíblica. Aquí está el tesoro escondido en esta porción. El gran tesoro es comunicarnos más con Jesús y esto nos traerá como consecuencia que creamos más en Él. Por esto, vemos al padre del muchacho endemoniado en los versículos 17-18 y 21-24 (les invito a leerlos en Marcos nueve) Con una comunicación con Jesús. Cuando leemos todos estos versículos nos damos cuenta de que no era necesario que Jesús le preguntara al padre del muchacho: ¿Cuánto tiempo hace que sucede esto? Pues Jesús lo sabía. Él quería que este padre se lo dijera y se comunicara más con Él. ¿Por qué razón? Para que este padre creyera. Por esto le dice en los versículos veintitrés y veinticuatro.

Marcos 9:23-24

Jesús le dijo: Si puedes creer, al que cree todo le es posible. E inmediatamente el padre del muchacho clamó y dijo: Creo; ayuda mi incredulidad.

El tesoro escondido en esta porción está en el simple hecho de que hoy en día también podemos comunicarnos más con Dios y contarle todo. ¿Cómo? Con la oración. Esto eliminará de nosotros la incredulidad. Este género con nada puede salir, sino con oración.

Tesoro 4
Lo que más le dolió a Jesús en la Cruz

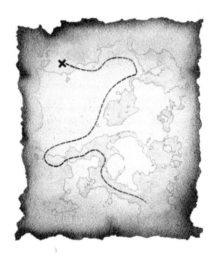

Mateo 27:46
Cerca de la hora novena, Jesús clamó a gran voz, diciendo: Elí, Elí, ¿lama sabactani? Esto es: Dios mío, Dios mío, ¿por qué me has desamparado?

Mientras vamos creciendo atravesamos diferentes etapas y pasamos por diferentes situaciones en la vida. Hay momentos tristes y momentos alegres, llegan momentos duros; pero también surgen situaciones donde somos bendecidos y muy afortunados. Sin embargo, hay momentos que son trágicos y frustrantes en este caminar. Son precisamente esos momentos donde podemos conocer quiénes son nuestros amigos o quién es nuestra verdadera familia. Experimentar el repentino abandono de los que te rodean o recibir desprecio y ser humillado son cosas normales que surgen cuando vivimos momentos trágicos.

En el pasado he escuchado a muchos decir que no se puede estar triste. Existen hasta cánticos que dicen: "No puede estar triste un corazón que tiene a Cristo". Sin embargo, esto no es cierto. Estos pensamientos y dichos de algunas personas han sido creados con el fin de aparentar un súper cristiano que no sufre, no llora y no se pone triste. Un súper cristiano que no existe en ninguna congregación en el mundo. Es por esto que el mismo Salomón escribió en el libro de Eclesiastés:

Eclesiastés 3:1-9

Todo tiene su tiempo, y todo lo que se quiere debajo del cielo tiene su hora. Tiempo de nacer, y tiempo de morir; tiempo de plantar, y tiempo de arrancar lo plantado. tiempo de matar, y tiempo de curar; tiempo de destruir, y tiempo de edificar; tiempo de llorar, y tiempo de reír; tiempo de endechar, y tiempo de bailar; tiempo de esparcir piedras, y tiempo de juntar piedras; tiempo de abrazar, y tiempo de abstenerse de abrazar; tiempo de buscar, y tiempo de perder; tiempo de guardar, y tiempo de desechar; tiempo de romper, y tiempo de coser; tiempo de callar, y tiempo de hablar; tiempo de amar, y tiempo de aborrecer; tiempo de guerra, y tiempo de paz. ¿Qué provecho tiene el que trabaja, de aquello en que se afana?

Jesús nos ha llamado de las tinieblas a la luz. Él no ha dicho que será fácil este caminar; pero si nos ha prometido que estará con nosotros todos los días hasta el fin. El mismo Jesús, que ha sido probado en todo, ha padecido y sufrido, no nos garantiza que será fácil; pero nos da la garantía de que estará siempre con nosotros en medio de las tormentas y nos dice que confiemos en Él, porque Él ya ha vencido.

Juan 16:33
Estas cosas os he hablado para que en mí tengáis paz. En el mundo tendréis aflicción; pero confiad, yo he venido al mundo.

Mateo 28:20
Enseñándoles que guarden todas las cosas que os he mandado; y he aquí yo estoy con vosotros todos los días, hasta el fin del mundo. Amén

Es el mismo Jesús que siempre está con nosotros y que nos ha dado el Espíritu Santo, el cual nos consuela y nos da la fuerza para continuar peleando la buena batalla de la fe. Jesús mismo, que ha sufrido y ha sido rechazado, también, como dicen las Escrituras, ha sido un Varón experimentado en quebranto. El mismo, por experiencia propia, conoce el sufrimiento que nosotros como cristianos atravesamos. Él conoce lo que hoy estamos atravesando y es por esto, que nos da las fuerzas para continuar.

Lamentablemente es muy notable ver como cristianos se van apartando de los caminos del Señor en los momentos de prueba y dolor. He sido testigo de cómo muchas iglesias no han tenido la capacidad de poder brindar las herramientas necesarias para que los creyentes puedan vencer en momentos de pruebas y sufrimientos. Esto ocurre cuando estas congregaciones se concentran en predicar un evangelio fácil. Muchos de sus sermones van dirigidos a la prosperidad y a la abundancia. En consecuencia, se forman grupos de cristianos que no conocen las adversidades y en el momento difícil se derrumban, provocando así su repentino abandono de la fe. Otros, sin embargo, se concentran en predicar en sus iglesias solo mensajes positivos de motivación, que de hecho son muy buenos para la iglesia; pero deben ir acompañados de las verdades del evangelio y que ciertamente en este caminar no todo es alegría, también hay momentos muy difíciles. Es necesario llenar de herramientas a todos los que llegan a las iglesias para que puedan vencer.

Tristemente estas cosas no son consideradas en muchas de las iglesias de este siglo. Ya el evangelio verdadero y completo no es predicado en muchas iglesias, sino que predican a las personas solo un evangelio de prosperidad, positivismo y mucha motivación. Pienso que, aunque esto es muy importante para las iglesias, debemos como ministros tener un balance y también predicar las verdades Bíblicas. Como, por ejemplo, hablar en los púlpitos del pecado y sus consecuencias, del sufrimiento y las pruebas que vendrán en el caminar. Predicar de la venida del Señor y de cómo vivir una vida que a Él le agrade. Aunque esto provoque que suframos las consecuencias de que muchos se molesten y se vayan a otra iglesia. Nosotros debemos predicar el evangelio verdadero y completo. Recordemos que Jesús también lo hizo.

Juan 6:60, 61, 66, 67,68
Al oírlas, muchos de sus discípulos dijeron: Dura es esta palabra; ¿quién la puede oír? Sabiendo Jesús en sí mismo que sus discípulos murmuraban de esto, les dijo: ¿Esto os ofende? Desde entonces muchos de sus discípulos volvieron atrás, y ya no andaban con él. Dijo entonces Jesús a los doce: ¿Queréis acaso iros también vosotros? Le respondió Simón Pedro: Señor, ¿a quién iremos? Tú tienes palabras de vida eterna.

Jesús nunca tuvo temor de hablar siempre la verdad y ahora nos toca a usted y a mi continuar predicando este evangelio que Jesús nos dejó. Debemos hacerlo sin ningún temor y dispuestos a enfrentar las consecuencias y persecuciones que puedan traer nuestras predicaciones. Jesús ya lo hizo y entregó su vida por nosotros y luego resucitó para darnos vida eterna y ahora es nuestro turno de continuar su legado. Todo esto debemos hacerlo sin importar las pruebas, el dolor, las crisis y el sufrimiento que venga.

Cada segundo de la vida de Jesús, desde el momento que oró en el Getsemaní hasta el momento que entrega su espíritu en el Gólgota, fue sumamente difícil, doloroso y trágico. Jesús experimentó el sufrimiento más grande que pueda experimentar un hombre en la tierra. Una de las cosas que más me impresiona de Jesús es saber que El conocía el sufrimiento que atravesaría y aun así continuó hacia adelante. Fijémonos en lo que dice Lucas.

Lucas 9:51
Cuando se cumplió el tiempo en que él había de ser recibido arriba, afirmó su rostro para ir a Jerusalén.

Es muy interesante y me impresiona saber que Jesús conocía el lugar, la hora y el día exacto en que moriría. Sin embargo, no hizo nada para evitar esto. Si yo supiera el día exacto, la hora exacta y el lugar exacto donde moriré o donde alguien planea quitarme la vida, créanme que seguramente haría todo lo posible para que ese día y a esa hora estar en otro lugar, menos en el lugar donde planifican mi muerte. Sin embargo, Jesús no es como yo, pues el enfrentó todo como un héroe y murió por nuestros pecados.

En este capítulo brevemente quisiera analizar, de todo sus sufrimiento, ¿Qué fue lo más que le dolió? Serían los latigazos que recibió o quizás la corona de espinas, o el rechazo de las personas que lo rodeaban. O posiblemente los clavos que atravesaron sus manos y pies. ¿Qué fue lo más que a Jesús le causó dolor? Analicemos y encontremos el tesoro escondido en estos hechos.

Para poder analizar ese tema, primeramente, viajemos al Getsemaní y estudiemos el momento en el cual Jesús ora. Este es el comienzo de la agonía y el castigo que Jesús atravesaría en las horas siguientes.

Mateo 26:39
Yendo un poco adelante, se postró sobre su rostro, orando y diciendo: Padre mío, si es posible, pase de mí esta copa; pero no sea como yo quiero, sino como tú.

En la Biblia frecuentemente la palabra copa representa la ira Divina en contra del pecado. Muy pronto Jesús cargaría con el pecado de toda la humanidad y la ira divina caería sobre él. Este sería el precio del pecado que Él llevó y pagó por nosotros. En su clamor en el Getsemaní podemos ver a Jesús pedir que si era posible no beber esa copa. En otras palabras, Jesús está pidiendo no experimentar la ira Divina por el pecado.   No podemos pensar, en ningún momento, que Jesús estaba renunciando a no ser el cordero inmolado, sino más bien pidiendo a su Padre: "si existe otra forma que los pecadores puedan ser salvos, revélamela ahora; pero si no la hay, que se haga como tú quieras". Es por esto que aquí Jesús nos da el ejemplo más grande de obediencia que pueda dar un hombre. Jesús estaba diciendo: "No es mi voluntad beber esa copa; no es mi voluntad recibir la ira Divina por el pecado de la humanidad; pero seré obediente a lo que Tú quieres". Jesús muy pronto experimentaría algo que nunca había experimentado ni como hombre, ni como Dios. No había otra forma, Él debía experimentar esa ira Divina por el pecado de la humanidad.   Esto se ve muy claro en el siguiente versículo.

Mateo 27:46

Cerca de la hora novena, Jesús clamó a gran voz, diciendo: Elí, Elí, ¿lama sabactani? Esto es: Dios mío, Dios mío, ¿por qué me has desamparado?

En estas palabras Jesús muestra su sentir, porque este es el momento culminante donde Él está experimentando la ira Divina por el pecado de la humanidad.   Jesús está sintiendo el abandono de Dios, Él está en toda su humanidad sufriendo este castigo. Su padre lo había abandonado, le había dado la espalda, por causa del pecado que estaba cargando.   Él no había cometido ningún pecado; pero cargaba con todo el pecado de la humanidad.

Tenemos que recordar que Dios es un Dios santo y cuando nosotros cometemos un pecado comienza una separación. El pecado nos separa de Dios y ahora vemos a Jesús, que, aunque no cometió pecado, cargó con nuestro pecado y como Dios no tolera el pecado, lo abandonó, le dio la espalda.   He analizado todos los acontecimientos de la cruz y he llegado a la conclusión de que lo más que a Jesús le dolió en la cruz fue el rechazo de su Padre.   Por eso, leemos las palabras de Jesús cuando dice: *"...Dios mío, Dios mío, ¿porque me has desamparado?"*   Él estaba experimentando algo que nunca había vivido, estaba experimentando el rechazo de Dios por causa del pecado de la humanidad.   Jesús vivió una separación entre   Él y su

Padre. Nunca, ni como Dios, ni como hombre había vivido algo así.

Esta era la copa que Jesús no quería beber. Este era el momento al cual Él no quería llegar. Él no quería sentir esta separación. Sentir los latigazos, romper y moler su espalda fue doloroso, también la corona de espinas que atravesó su cien fue terrible. Recibir insultos, golpes y escupitajos de la gente, fue humillante. El sentir los clavos traspazar su piel y los nervios de sus brazos y pies fue horrible. Cuando interpreto sus palabras: *"...Dios mío, Dios mío, ¿por qué me has desamparado?* ¡Estoy convencido de que este es el tesoro escondido en esta porción, que lo más que a Jesús le causó dolor en la cruz fue el rechazo de su Padre!

Hay otro tesoro escondido; pero antes de explicarlo quisiera decirte que en una ocasión un padre tenía un hijo de tres años llamado Brandon. Un día, Brandon ve a su padre comiendo galletas de chocolate en la sala y se dice así mismo: "Papá ama las galletas de chocolate con leche, así que le voy a dar a papá un vaso de leche". Con ese pensamiento, Brandon va al comedor y arrastra una de las sillas del comedor hasta la cocina, dejando en el suelo las marcas.

Brandon se sube a la silla y se engancha él mismo a la encimera para abrir la puerta del gabinete. ¡Zas! Choca contra la puerta del lado del gabinete, dejando una hendidura donde chocó el mango. Brandon extiende el brazo en busca de un vaso y sin querer, deja caer otros dos de la repisa. ¡Zas! ¡Tilín! ¡Tilín! Pero a Brandon no le importa. Él está pensando: "¡Le voy a dar leche a mi papá!".

Mientras, el papá de Brandon está presenciando todo esto, pensando si debe intervenir y salvar el resto de la cocina. Él decide, de momento, ver un poco más mientras Brandon se baja de la silla, esquivando los pedazos de cristal roto y dirigiéndose al refrigerador.

Brandon abre violentamente la puerta del refrigerador y la deja completamente abierta. El niño pone el vaso en el suelo, fuera de cualquier peligro, aparentemente, y toma el galón nuevo de leche, en vez de tomar el galón de leche que estaba en uso. Rompiendo la tapa lo derrama por los bordes del vaso, he incluso logra echar algo de leche en el vaso. El resto se derrama por el suelo. Al fin Brandon pone el envase de leche en el suelo, agarra el vaso y grita: "¡Papá, tengo algo para ti!" Corriendo hacia la sala de estar, se resbala, y derrama leche por todos sitios: el suelo, el sofá, el papá.

Brandon se detiene y mira a su alrededor. Ve el vaso roto, leche en todas partes, gabinetes abiertos, y su papá con leche de la cabeza a los pies y empieza a llorar. Entre sus lágrimas, ve a su papá y con una expresión de dolor que dice: "¿Qué vas a hacer conmigo?" Su papá solamente sonríe. No ve a un niño que acaba de destruir la casa. Al contrario, ve un hermoso niño a quien él ama mucho. No importa lo que ha hecho. El papá de Brandon estira sus brazos para abrazar fuertemente al niño y dice: "¡Este es mi hijo!"

Mientras permanezcamos en los caminos de Dios, Él nunca nos desamparará. Quizás en ocasiones podemos fallar, caernos y hasta desmayar, pero si permanecemos en Él, nunca nos desamparará. Dios le hizo a su hijo lo que nunca nos hará a nosotros, Su hijo que no pecó; pero por causa del pecado que cargó lo tuvo que abandonar momentáneamente, quedó desamparado en el momento en que más lo necesitaba. Y todo esto, sorprendentemente, para que nosotros, que, si cometemos pecados, nunca seamos desamparados por Dios. ¿Por qué? Por qué ahora Dios nos mira por el lente de Cristo. Aunque pecamos Él nos ve sin pecado, por el sacrificio de Cristo en la cruz. Ya Cristo cargo con nuestro pecado. Esto en resumidas palabras se llama justificación. Dios permite que Jesús atraviese el sufrimiento más grande que puede atravesar un hombre en la tierra, para luego darnos el regalo más grande que Él puede darle al hombre, ¡la salvación! Este es otro gran tesoro.

Tesoro 5

Milagros mayores que los que hizo Jesús

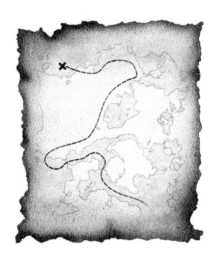

Juan 14:12-15
De cierto, de cierto os digo: El que en mí cree, las obras que yo hago, él las hará también; y aun mayores hará, porque yo voy al Padre.

Una de las cosas más hermosas que he visto en el evangelio, es ver a un joven en las manos de Dios y ser utilizado por Él.   Aunque pudiéramos decir que en el mundo hay mucha juventud que le ha dado la espalda a Dios buscando los placeres de este mundo, atados a la carne y convirtiéndose en esclavos del pecado. Ciertamente, no todo está perdido, todavía en muchos lugares encontramos jóvenes que no han doblado sus rodillas ante baal.   Al igual que ellos existen hombres y mujeres que también son utilizados por Dios grandemente, provocando así que la iglesia sea bendecida, edificada y que se añadan cada vez más a la iglesia los que han de ser salvos.

También en ocasiones me pongo a pensar en esos grandes hombres y mujeres de Dios que han sido utilizados por Él en los últimos siglos.   Hombres y mujeres como D.L. Moody, Billy Graham, Benny Hill, Yiye Ávila, Martin Luther King, Kathryn Kuhlman, entre otros.   Cuando pienso en todos ellos, me hago la pregunta: "¿Cuánto una mujer o un hombre puede ser utilizado por Dios?   Quizás no sea bueno pensar en una pregunta así, pues estoy seguro que ya otros también se la han hecho y quizás en la búsqueda de encontrarla han entrado en una competencia para buscar y ver a quién Dios usa más.   Muchas veces estas cosas, lo que provocan es que los hombres busquen darse la gloria de todo lo que hacen, cuando sabemos que la gloria de todo siempre pertenece a Dios.   Ciertamente, Dios nos ha escogido para llevar este mensaje de salvación a las vidas. Cuando nos ponemos en sus manos y somos obedientes a su palabra estoy seguro de que Dios hará grandes cosas con cada uno de nosotros. Pues Jesús mismo nos ha dado esta encomienda de ir por el mundo y llevar este mensaje.

Por esto, cada creyente debe verse en la obligación de cumplir con esta encomienda; pero recordando siempre que no importa cuánto Dios nos use y cuánto Dios se glorifique siempre toda la gloria es de Él. Nosotros siempre seremos solo el instrumento que Dios utilice, solo seremos su vaso. No importa cuántos milagros, maravillas y prodigios hagamos, siempre tenemos que recordar que el que lo hace es Dios y no nosotros, pues sin Dios nada somos y nada podemos hacer.

¿En alguna ocasión has tenido la oportunidad de presenciar y escuchar a una persona que en medio del mensaje que está trasmitiendo comienza lentamente a levantar su tono de voz hasta el punto que comienza a gritar y en medio de todo esto comienza a decir: "nosotros haremos milagros mayores que los que Jesús hizo"? No importa si ha sido en la radio o en alguna actividad grande de alguna iglesia, o simplemente en alguna iglesia. Hacen llamados para que las personas reciban su milagro *"porque nosotros haremos milagros mayores que los que hizo Jesús"*. ¿Está haciendo la persona milagros mayores que los que hizo Jesús? Yo lo he vivido y es muy triste, porque lo que he percibido es que la persona que está hablando lo que desea es llamar la atención, que lo miren, lo admiren y hasta podría decirse, que lo adulen. Creo que es más emoción que el Espíritu Santo.

¿Podemos hacer milagros mayores que los que Jesús hizo? Creo y tengo el don de lenguas y la llenura del bautismo del Espíritu Santo. Creo en el mover del Espíritu Santo en el servicio. Y en el Espíritu Santo obrando diariamente en nuestras vidas. También sé, que el Espíritu Santo nos da la capacidad de discernir cuando lo que escuchamos es por emoción y no por el Espíritu y nos da la capacidad de evaluar y poder aceptar o no lo que la persona está hablando. Lo más lamentable es que la mayoría de los seres humanos tienden a creer todo lo que escuchan, no indagan, no buscan para ver si en realidad lo que la persona dice es cierto. Mucho menos buscan en la Biblia, ya muchos ni siquiera la leen. En la sociedad en que vivimos es sumamente indispensable la lectura de la Biblia y el estudio de ella, ya que somos bombardeados por muchas enseñanzas erróneas en este mundo. Hay personas que no les importa la necesidad de las vidas y se valen de las emociones, de su elocuencia para cautivarlas. La única manera en que nosotros podemos saber que estamos en lo correcto es escudriñando las Escrituras, la Biblia, la Palabra de Dios, como desees llamarla.

¿Podemos hacer milagros mayores que los que Jesús hizo? La pregunta esta puesta sobre la mesa, te atreves a excavar el tesoro escondido conmigo. ¿Qué realmente quiso decir Jesús en el libro de Juan?

Juan 14:12
De cierto, de cierto os digo: El que en mí cree, las obras que yo hago, él las hará también; y aun mayores hará, porque yo voy al Padre.

Para poder analizar y entender este versículo, tendríamos que comenzar a leer y escudriñar desde el versículo uno. De esta forma encontraremos el tesoro escondido que Dios quiere revelarnos en esta porción Bíblica. Empecemos con los primeros versículos del capítulo catorce y poco a poco excavemos hasta descubrir el tesoro.

Juan 14:1-4
No se turbe vuestro corazón; creéis en Dios, creed también en mí. En la casa de mi Padre muchas moradas hay; si así no fuera, yo os lo hubiera dicho; voy, pues, a preparar lugar para vosotros. Y si me fuere y os preparare lugar, vendré otra vez, y tomaré a mí mismo, para que donde yo estoy, vosotros también estéis. Y sabéis a dónde voy, y sabéis el camino.

En estos primeros cuatro versículos vemos como Jesús le dice a sus discípulos que no se angustien. Les está hablando de que pronto Él tiene que irse y que irá a un lugar a preparar morada para ellos. Y regresará a buscarlos para que estén con Él. También les está diciendo que iría al Padre y que ellos conocían el camino; pero los discípulos no comprendían esto y tampoco entendían a donde iría Jesús. Luego de esto, continúan los próximos versículos, del cinco al nueve.

Juan 14:5-9

Le dijo Tomás: Señor, no sabemos a dónde vas; ¿cómo, pues, podemos saber el camino? Jesús le dijo: Yo soy el camino, y la verdad, y la vida; nadie viene al Padre, sino por mí. Si me conocieseis, también a mi Padre conoceríais; y desde ahora le conocéis, y le habéis visto. Felipe le dijo: Señor, muéstranos el Padre, y nos basta. Jesús le dijo: ¿Tanto tiempo hace que estoy con vosotros, y no me has conocido, Felipe? El que me ha visto a mí, ha visto al Padre; ¿cómo, pues, dices tú: Muéstranos el Padre?

En estos versículos vemos que continúa la duda de los discípulos, al no poder comprender las palabras de Jesús. Él les comienza a explicar que Él es el camino al Padre y que Él y el Padre son uno. Esto Jesús lo explica más en profundidad en los versículos que vienen a continuación.

Juan 14:10-12

¿No crees que yo soy en el Padre, y el Padre en mí? Las palabras que yo os hablo, no las hablo por mi propia cuenta, sino que el Padre que mora en mí, él hace las obras. Creedme que yo soy en el Padre, y el Padre en mí; de otra manera, creedme por las mismas obras. De cierto, de cierto os digo: El que en mí cree, las obras que yo hago, él las hará también; y aun mayores hará, porque yo voy al Padre.

Jesús, continúa explicándoles que Él y el Padre son uno y que las palabras que el habla son del Padre también. Luego, continúa diciéndoles que las obras que Él hace, es el Padre quien las hace en Él. Y que los que crean en Él continuarán haciendo las mismas obras y aún mayores. ¿Por qué hacer las obras mayores que las que Él hacía?

Fíjense como termina el versículo 12, *"... porque yo voy al Padre".*

En otras palabras, trataré de resumir lo que Jesús está diciendo en estos doce versículos:

1. Yo voy al Padre a preparar morada para ustedes.
2. Yo soy el camino.
3. El padre y yo somos uno.
4. El que me conoce a mí conoce al Padre.
5. Como yo me voy al Padre y ustedes creen en mí, ustedes tienen que continuar la obra que yo ya empecé. Yo me he concentrado en hacer las obras en Jerusalén y entre el pueblo de Israel, pero ustedes no, ustedes continúen esta obra y llévenla a lugares mayores.

Jesús les está diciendo a sus discípulos que esparzan el evangelio por todo el mundo. Es importante recordar que el ministerio de Jesús se concentró en Palestina. Y él está hablando de una obra mayor, está hablando de una expansión. Este es el tesoro escondido que muy pocos pueden entender en esta porción. Usted y yo jamás podremos hacer milagros mayores que los que Jesús hizo. Pues uno de los milagros más grande que Jesús hizo fue el de resucitarse a sí mismo.

Juan 10:17-18
Por eso me ama el Padre, porque yo pongo mi vida, para volverla a tomar. Nadie me la quita, sino que yo de mí mismo la pongo. Tengo

poder para ponerla, y tengo poder para volverla a tomar. Este
mandamiento recibí de mi Padre.

Hasta el día de hoy no he podido ver a nadie que pueda hacer esto. Sí muchos han podido realizar el milagro de resucitar personas a través del Espíritu Santo; pero nadie ha podido hacer el milagro de resucitarse a sí mismo. Nunca he escuchado de nadie que haya dicho: "Me voy a morir el lunes y el viernes estaré otra vez con ustedes, porque me voy a resucitar yo mismo." Ciertamente, jamás podremos hacer milagros mayores que los que Jesús hizo.

Sin embargo, en el libro de los Hechos podemos ver como lo discípulos hicieron muchos milagros y hasta el Apóstol Pedro. Dice la Biblia que cuando él pasaba y su sombra caía sobre las personas, estas quedaban sanas. Jesús no necesitaba ni siquiera la sombra pues muchas veces solo Él enviaba la palabra y ya el milagro estaba hecho. Además de esto, hoy día todavía se ven muchos Milagros que se realizan en el nombre de Jesús y a través del Espíritu Santo. Ciertamente, estos milagros no son mayores que los que Jesús hizo. Debemos entender que Jesús hizo muchos milagros. El evangelio de Juan termina diciendo:

Juan 21:25
Y hay también otras muchas cosas que hizo Jesús, las cuales si se
escribieran una por una, pienso que ni aun en el mundo cabrían los
libros que se habrían de escribir. Amén.

Simplemente, debemos entender que Jesús no se refería a obras mayores en cuanto a poder y milagros, sino a su alcance. He aquí el tesoro escondido. Nunca olvidemos que podemos hacer grandes cosas con nuestro maestro, Jesucristo. Él a través de nosotros, puede hacer cosas poderosas; pero es Él quien las hace. En una ocasión una niña quería ser una gran pianista; pero todo lo que podía tocar en el piano era la simple melodía, *Chopsticks.* No importaba lo mucho que se esforzase, eso era lo mejor que podía hacer. Pasado un tiempo, sus padres decidieron contratar a un gran maestro para que le enseñase formalmente. Por supuesto, la pequeña niña estaba encantada.

Cuando la niña y sus padres llegaron a la mansión del maestro para la primera lección, fueron escoltados por el mayordomo a la sala, donde vieron un hermoso piano de cola de concierto. Inmediatamente, la niña se fue al piano y comenzó a tocar *Chopsticks.* Sus avergonzados padres comenzaron a decirle que se detuviera, desde el otro lado de la habitación. Mientras tocaba, el maestro entró en la habitación y motivo a la niña a que continuara.

Entonces, el maestro se sentó en el banco del piano justo al lado de la niña, escuchándola tocar. En un momento él comenzó a tocar con ella, añadiendo acordes, escalas y arpegios. La niña continuó tocando *Chopsticks.* Los padres no podían creer lo que escuchaban. Estaban escuchando un hermoso dúo de piano, tocado por su hija y el maestro, y lo más sorprendente, es que el tema centrar aún era *Chopsticks*.

Aunque nunca podremos hacer milagros mayores que Jesús, nunca debemos olvidar que siempre podremos hacer milagros con Él y para la gloria de Él. Dios solo está esperando que nos pongamos en sus manos para que seamos instrumentos suyos.

Tesoro 6

¿Se puede arrepentir Dios?

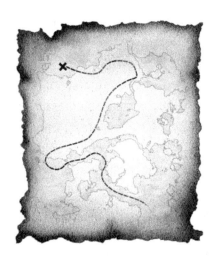

Números 23:19
Dios no es hombre, para que mienta,
Ni hijo de hombre para que se arrepienta.
Él dijo, ¿y no hará?
Habló, ¿y no lo ejecutará?

¿Eres de los que haces planes? ¿Cuántas veces has hecho un plan y luego has cambiado en el proceso? En muchas ocasiones he trazado un plan para poder lograr algo o hacer algo. Luego de esto, comienzo a ejecutar el plan hasta lograr lo que deseo. Continúo hasta logra y ver el sueño cumplido. Aunque normalmente ocurre esto así, también algunas veces cuando comienzo a ejecutar el plan, algo ocurre que provoca que me desvíe de lo que quiero. En ocasiones lo que ocurre es que desisto del plan porque me he dado cuenta de que no funciona o es algo que no es bueno para mí en ese momento o nunca. Esto ha provocado en mí que me arrepienta de haber creado ese plan. Muchas veces, este repentino arrepentimiento llega a mí cuando para ejecutar el plan he tenido que invertir algo de dinero y luego al desistir del mismo seguramente provoque que pierda ese dinero. Es aquí cuando experimento en mi vida el arrepentimiento.

Seguramente también a usted le haya ocurrido en el pasado o en este preciso momento, algo similar. Esté viviendo o haya vivido lo que todos conocemos como el arrepentimiento. Si algo así le ha ocurrido, como a mí, les dejo saber que no somos los únicos, pues a muchas personas que hoy son muy exitosas les ha ocurrido. Inclusive, han llegado al punto de fracasar; pero se han levantado y han continuado, hasta el punto que hoy han llegado a ser muy exitosos. Realmente no estamos solos en esto, pues pienso que es algo normal en las personas el arrepentirnos de algo, pues ninguno es perfecto.

Más aun y aunque a usted le sea difícil de creer esto que les compartiré a continuación, he visto este tipo de comportamiento hasta en animales. Sí, hasta los animales pueden experimentar el arrepentimiento. Recuerdo en una ocasión ver un documental de animales, que hablaba de esto. Presentaba como animales a punto de tomar otro animal más pequeño como presa, se arrepentían y poco a poco se alejaban. Algo había provocado que ellos desistieran de cazar. Muchas veces esto era provocado porque en el lugar ellos detectaban otro animal más grande, que de seguro les quitaría la presa que estaba a punto de cazar, o ellos mismos se convertirían en la presa.

Es interesante ver como este comportamiento nos ha afectado a todos. Sin embargo, muchas veces es bueno arrepentirnos, ya que, si continuamos con el plan trazado, las consecuencias podrían ser peores o devastadoras en nuestras vidas. Teniendo todo esto en cuenta, llega a mi mente una pregunta, que a su vez provoca que hoy puedas leer este capítulo. ¿Se puede arrepentir Dios? Esta ha sido una pregunta muy debatible en las últimas décadas. A continuación, compartiré algunos versículos de las Escrituras que nos enseñan que Dios no se puede arrepentir.

Números 23:19

Dios no es hombre, para que mienta, Ni hijo de hombre para que se arrepienta. Él dijo, ¿y no hará? Habló, ¿y no lo ejecutará?

1 Samuel 15:29
Además, el que es la Gloria de Israel no mentirá, ni se arrepentirá,
porque no es hombre para que se arrepienta.

Malaquías 3:6
Porque yo Jehová no cambio; por esto, hijos de Jacob, no habéis sido
consumidos.

Santiago 1:17
Toda buena dádiva y todo don perfecto descienden de lo alto, del Padre
de las luces, en el cual no hay mudanza, ni sombra de variación.

Sin embargo, también en las Escrituras encontramos versículos que dicen todo lo contrario, que Dios se arrepintió. A continuación, algunos de estos versículos.

Génesis 6:6
Y se arrepintió Jehová de haber hecho hombre en la tierra, y le dolió en
su corazón.

Jonás 3:10
Y vio Dios lo que hicieron, que se convirtieron de su mal camino; y se
arrepintió del mal que había dicho que les haría, y no lo hizo.

Éxodo 32:14
Entonces Jehová se arrepintió del mal que dijo que había de hacer a su
pueblo.

1 Samuel 15:35
Y nunca después vio Samuel a Saúl en toda su vida; y Samuel lloraba a
Saúl; y Jehová se arrepentía de haber puesto a Saúl por rey sobre
Israel.

Al leer todos estos versículos encontramos un aparente debate en la palabra de Dios. Y muchos podrían pensar que la Biblia se contradice con respecto a este tema. Los primeros cuatro versículos que coloqué niegan que Dios se pueda arrepentir y los últimos cuatro aseguran que Dios se arrepiente. Para poder abarcar este tema y encontrar el tesoro escondido en estos pasajes, he realizado un estudio exhaustivo y a continuación, te presento un resumen del mismo.

Primeramente, debemos entender que el asunto de arrepentirse es propio de personas como usted, como yo y de posiblemente algunas criaturas del reino animal. El arrepentirse es cualidad de los hombres y no de Dios. Si analizamos solo algunos atributos de Dios entenderemos esto. Por ejemplo, Dios es Omnisciente (todo lo sabe), Omnipresente (está en todos lados), Omnipotente (todo lo puede). Un ser que todo lo sabe, que está en todos lados, que todo lo puede, no se puede arrepentir, porque no existe esto en su naturaleza Divina. Además de esto, todos conocemos que Dios es inmutable, como dice Santiago 1:17.

Los últimos cuatro versículos que coloqué anteriormente en este capítulo, que aparentemente demuestran que Dios se arrepiente, no son los únicos que hacen su aparición en la Biblia. Hay otros que también podemos encontrar y que usted pude analizar en su estudio personal. Los mismos son: 2 Samuel 24:16; Salmos 7:3,6; 1 Crónicas 21:15;

Jeremías 15:6, 20:16, 26:19. Todos estos versículos se inclinan a decir que, aparentemente, Dios si se arrepiente. Sin embargo, he podido estudiar que la palabra *arrepentirse* en hebreo utilizada en estos versículos es más un sentir de pena o dolor por algo, que arrepentirse. Tiene otro significado en el texto y no realmente que Dios se arrepiente. Y ciertamente, el sentir pena o dolor por alguien o por algo no significa que haya un cambio en Dios o que Él se hubiese arrepentido de lo que hizo. Simplemente, podemos decir que el significado sería que ha Dios le dolió o le pesó lo que una o varias personas hicieron. Para demostrar esto utilizaré algunos versículos con la versión Reina-Valera 1960 comparados con La Biblia Textual que es una versión en español de la Biblia Hebraica Stuttgartensia y del Novum Testamentum Graece. Esta Biblia es una traducción contextual de lo que Dios dice en hebreo, arameo y griego, ahora en español. La Biblia Textual es muy conocida por tener unos textos que te regresan a las fuentes. Empecemos a analizar las porciones con Génesis 6:6

Génesis 6:6

Y se arrepintió Jehová de haber hecho hombre en la tierra, y le dolió en su corazón.

Génesis 6:6 Biblia Textual

Y YHVH sintió pesar de haber hecho al ser humano en la tierra, y se entristeció en su corazón.

En estos versículos es notable la tristeza y el dolor de Dios provocado por la maldad y el pecado de los hombres y no que Dios se hubiese arrepentido. En otras palabras, es como si Dios dijera: "Yo cree al hombre, lo coloqué en la tierra y ahora todos sus caminos conducen al mal,   el hombre está lleno de pecado y estoy muy triste por esto". Si Dios se hubiese arrepentido de haber creado al hombre, no hubiese extendido su existencia a través de Noé, como lo hizo y los hubiese exterminado a todos incluyendo a Noé. El hecho de que hoy estemos vivos refleja que Dios no se arrepintió de haber hecho al hombre; pero sí le dio tristeza, pesar y dolor las decisiones que tomó el hombre. Ahora hablemos un poco de Moisés y el pueblo de Israel.

Éxodo 32:14
Entonces Jehová se arrepintió del mal que dijo que había de hacer a su pueblo.

Éxodo 32:14 Biblia Textual
Y desistió YHVH del mal que dijo que había de hacer a su pueblo.

Al principio del capítulo treinta y dos vemos como el pueblo de Israel se corrompió al ver que Moisés tardaba en bajar del monte. El pueblo le pidió a Aarón que les hiciese dioses que fuesen delante de ellos, ya que pensaron que a Moisés le había ocurrido algo en el Monte porque tardaba mucho. Aarón procede y les hace un becerro de oro que fue creado con el oro que el pueblo tenía. Luego de esto el pueblo comienza a ofrecer holocausto a este becerro. Los próximos versículos nos hablan sobre un plan de Dios para destruir al pueblo. Para luego hacer una gran nación; pero en esta ocasión, esta gran nación saldría de Moisés. Este nuevo plan repentino de Dios iría en contra de lo que Dios había prometido a Abraham y a Jacob que luego fue Israel. Realmente en estos versículos no podemos decir que Dios se propuso hacer esto, ya que Dios siempre es fiel a sus promesas, además de que es un Dios inmutable. Lo que aquí acontece es que Dios al ver la decisión que el pueblo había tomado aprovecha la oportunidad para ver o probar la magnitud de Moisés como un líder intercesor por el pueblo, fijémonos en el versículo siete donde dice:

Éxodo 32:7
Entonces Jehová dijo a Moisés: Anda, desciende, porque tu pueblo que sacaste de la tierra de Egipto se ha corrompido.

Aquí vemos como Dios utiliza las palabras *tu pueblo* refiriéndose a que el pueblo le pertenece a Moisés y no a Él. Leamos lo que nos dice Éxodo.

Éxodo 32:10
Ahora, pues, déjame que se encienda mi ira en ellos, y los consuma; y de ti yo haré una nación grande.

En este versículo vemos que Dios utiliza la palabra *déjame.* Como invitándolo a que intercediera por su pueblo en lugar de que se retirara y lo dejara hacer la destrucción. Era más una invitación a interceder y ver ¿De qué estas hecho Moisés?, ¿En realidad eres el líder que creo que eres, Moisés?

Es aquí donde Moisés procede a interceder por el pueblo y Dios desiste del plan de destruirlo. Dios desiste, no se arrepiente, pues lo que Dios quería era ver esa magnitud de intercesión de Moisés. Ciertamente, Moisés pasa exitosamente este escalón como líder intercesor del pueblo. Fijémonos que una de las primeras cosas que Moisés hace en su oración cuando comienza a interceder por el pueblo, es devolverle el pueblo a Dios, pues en el versículo siete Dios le había dicho a Moisés las palabras *tu pueblo*. Ahora en el versículo once Moisés se lo devuelve diciéndole a Dios: *Oh Jehová, ¿Por qué se encenderá tu furor contra tu pueblo?* Dios nunca se arrepintió, pues es omnisciente y sabía que si amenazaba al pueblo Moisés intercedería por ellos.

En el caso de Nínive es una situación parecida. Esto lo encontramos en el libro de Jonás.

Jonás 3:10
Y vio Dios lo que hicieron, que se convirtieron de su mal camino; y se arrepintió del mal que había dicho que les haría, y no lo hizo.

Jonás 3:10 Biblia Textual
Y vio Elohim lo que hacían, cómo se volvían de su mal camino, y desistió Elohim del mal que había dicho que les haría, y no lo hizo.

En esta ocasión Dios iba a destruir a Nínive y envió a Jonás a llevar el mensaje de destrucción. Sin embargo, Nínive se arrepintió. Como resultado del arrepentimiento de los ninivitas, Dios tuvo misericordia de ellos. Dios decide no castigar a Nínive porque habían cambiado en su corazón y se habían arrepentido de su maldad. Dios no se arrepintió, pues una vez más vemos que Dios es omnisciente y sabía que si Jonás llevaba el mensaje ellos cambiarían, por esto desiste de lo que iba a hacer.

El tesoro escondido en todas estas porciones se basa en entender que para nosotros, en nuestra naturaleza humana si podemos arrepentirnos; pero Dios que es muy diferente en esto a nosotros, no se arrepiente. Cuando lo vemos, aparentemente, cambiar de parecer o que iba a hacer algo y en realidad hace otra cosa, aunque podríamos pensar que se arrepiente o que Dios cambio, no es así. Pues realmente para Dios, que es Omnisciente y soberano, no es un cambio, ni un arrepentimiento. Dios siempre sabe lo que va a hacer, Él tiene un plan trazado.

Una leyenda cuenta del regreso de Jesús al cielo luego de su tiempo en la tierra. Regresó llevando consigo las marcas de su peregrinaje en la tierra, con su cruel cruz y vergonzosa muerte. El ángel Gabriel se le acercó y le dijo: "Maestro, tu tuviste que haber sufrido terriblemente con la gente abajo". "Así fue", dijo Jesús. "Y" continuó Gabriel, "¿Conocen todo sobre como tú les amas y lo que hiciste por ellos?" "Oh, no", dijo Jesús. "Aun no". Ahora mismo, solamente un puñado de gente en Palestina lo sabe". Gabriel estaba perplejo. "¿Entonces qué has hecho para dejarles saber a todas las personas sobre tu amor por ellos?"

"Pues, le pedí a Pedro, Santiago, Juan y otros más que les contaran a las personas de mí. Una vez ellos les digan a las personas, a su vez estos se lo dirán a otros, y el evangelio se expandirá hasta las regiones más lejanas del globo. Finalmente, toda la humanidad habrá escuchado de mí y de lo que hice a favor de ellos".

Gabriel frunció el ceño y miraba escépticamente. Sabía que la gente no era confiable. Él dijo: "Sí; pero ¿Qué tal si Pedro y Santiago y Juan se cansan?, ¿Qué tal si las personas que vienen detrás se olvidan?, ¿Qué tal, tan lejano como para el siglo veinte y veintiuno, la gente está demasiado ocupada para contarle a otros de ti?, ¿Has hecho algún otro plan?", "No, no he hecho otros planes, Gabriel", contestó Jesús. "Estoy contando con ellos"

Dios tiene un plan trazado y nosotros estamos en su plan. Él cuenta con nosotros. Dios sabe siempre lo que va a hacer. Dios no lamenta sus decisiones; pero si se duele y se entristece de lo que hacemos nosotros cuando no queremos seguir su plan. He aquí el tesoro escondido.

Tesoro   7

¿Eres tú o esperamos a otro?

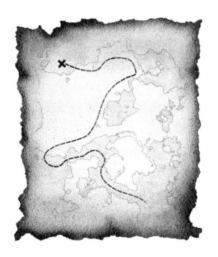

Mateo 11:2 y 3
Y al oír Juan, en la cárcel, los hechos de Cristo, le envió dos
de sus discípulos,   para preguntarle: ¿Eres tú aquel que
había de venir, o esperaremos a otro?

Hay momentos en nuestra vida donde Dios deposita una palabra sobre nosotros o simplemente Dios nos revela algo que antes no conocíamos. Luego de un suceso así en nosotros, es muy notable el gozo que expresamos por el solo hecho, de sentir que Dios ha tratado con nuestras vidas. Al pasar el tiempo de un acontecimiento así, muchas veces somos visitados por la duda, la soledad e inclusive por la depresión. Ciertamente, ningún cristiano está exento de que le ocurra algo así. No importa el estado espiritual en el cual estamos, nada nos excluye de que en algún momento nos visite la tristeza, el desánimo, la soledad, la duda y hasta que nos deprimamos. Todo esto por acontecimientos que ocurren inesperadamente. También puede darse el caso de que por estas razones lleguemos a fallarle a Dios. Es por esto que el Espíritu Santo nos hace una exhortación a través de Apóstol Pablo en primera de Corintios, veámosla a continuación.

1 Corintios 10:12
Así que, el que piensa estar firme, mire que no caiga.

Cuando pienso y estudio sobre la vida de Juan el Bautista me pregunto si a él le sucedió algo así. En el momento en el que Juan le mandó a preguntar a Jesús si era él o esperaban a otro. Definitivamente, creo que soy de un pequeño grupo que cree que no. No creo, que el fruto de esta pregunta haya sido que hubiese disminuido la fe de Juan o estuviese deprimido; pero esto lo discutiremos en el transcurso de este capítulo. Antes quisiera decirte que una historia cuenta sobre una pareja de mediana edad, la cual se mudó a una nueva casa. Una mañana soleada la esposa, durante el desayuno familiar, miró por la ventana y descubrió que la ropa de sus vecinos, que estaba colgada en los cordeles del patio, no se veía muy limpia. "¿Viste como tienden la ropa sucia?, ¡Ella no sabe lavar!, Habrá que regalarle algún detergente de buena calidad", le comentó la mujer a su esposo; pero el hombre continuó leyendo el periódico sin inmutarse. Cada vez que los vecinos colgaban la ropa, esta esposa regañona no perdía la oportunidad de lanzar una crítica. Un mes más tarde, la mujer casi se atragantó con su té cuando comprobó que la ropa se veía tan blanca como la nieve: "¡Mira, ella por fin aprendió a lavar!, me pregunto quién le habrá enseñado", le comentó a su marido. El marido le respondió con calma: "Yo solo me levanté temprano en la mañana y limpié la ventana de la cocina".

En ocasiones vemos las cosas de una manera y no necesariamente son de esa manera. Es necesario limpiar la ventana, indagar en los hechos antes de llegar a una conclusión. Es precisamente esto lo que quiero hacer en este capítulo. Siempre se nos ha hablado sobre Juan de una manera; pero realmente, será correcto concluir esto de Juan. ¿Será correcto decir que Juan en sus últimas semanas de vida perdió la fe? Estoy completamente en desacuerdo. Al igual que un boxeador que ha logrado éxito en su carrera y ha boxeado con los mejores del mundo, hasta el punto de lograr ser campeón mundial. Luego, pasan los años y el boxeador empieza a perder su rapidez y comienza a pensar en el retiro. Es posible que sus últimas peleas no las realice con el mismo entusiasmo, luego este boxeador se retire. Jamás sus últimas peleas mancharan su trayectoria exitosa. De igual forma estoy convencido de que las últimas semanas de Juan el Bautista no mancharon el ministerio poderoso que Dios había puesto en sus mano y mucho menos su trayectoria como profeta de Dios.

En primer lugar, debemos entender que Juan el Bautista no fue un profeta más. La Biblia lo describe como el mayor profeta. Esto lo podemos ver en el texto de Lucas que leeremos a continuación.

Lucas 7:28
Os digo que entre los nacidos de mujeres, no hay mayor profeta que Juan el Bautista; pero el más pequeño en el reino de Dios es mayor que él.

¿Por qué Juan el Bautista es el mayor profeta? No existen registros que nos muestren que Juan hubiese hecho algún milagro. Sin embargo, Jesús nos dice que él es el mayor de todos los profetas. ¿Por qué? Porque los profetas antes de Juan profetizaron acerca de Jesús y los profetas que han profetizado después de Jesús también han hablado sobre Él, sobre Jesús. Juan fue el único profeta que tuvo el privilegio de ver, de caminar y de hablar con el Mesías. Es por esto que lo convierte en el mayor profeta de todos los tiempos. Los demás profetas hablaron de Jesús; pero Juan tuvo el privilegio de vivir y de ver las profecías cumplidas.

En segundo lugar, quisiera analizar algunos puntos importantes de la vida de este gran profeta. Es muy importante estudiar la vida de Juan el Bautista para poder llegar a una conclusión. Para así saber exactamente y sin ninguna duda razonable, entender qué Juan le estaba preguntando a Jesús cuando le dijo: *"¿Eres tú aquel que había de venir, o esperaremos a otro?"*. Juan sabía quién era Jesús y conocía su identidad, todo esto es notable verlo en el Evangelio del Apóstol Juan y en el Evangelio de Mateo, analicemos a continuación.

Juan 1:29
El siguiente día vio Juan a Jesús que venía a él, y dijo: He aquí el Cordero de Dios, que quita el pecado del mundo.

Mateo 3:13-15
Entonces Jesús vino de Galilea a Juan al Jordán, para ser bautizado por él. Mas Juan se le oponía, diciendo: Yo necesito ser bautizado por ti, ¿y tú vienes a mí? Pero Jesús le respondió: Deja ahora, porque así conviene que cumplamos toda justicia. Entonces le dejó.

Aunque Juan tenía este conocimiento y sabía la identidad de Jesús, esto no quiere decir que en un tiempo después fuera visitado por la duda, mientras estuvo preso. Juan el Bautista estaba preso en la cárcel de la fortaleza de Maqueronte, la cual está sobre la ribera oriental del Mar Muerto. De hecho, muchos eruditos y teólogos han pensado que Juan en aquella prisión y por todo lo que estaba ocurriendo, posiblemente estaba mostrando síntomas de duda. Sin embargo, otros se inclinan a pensar todo lo contrario y concluyen sus pensamientos diciendo que en aquella prisión la fe de Juan nunca falló y mucho menos perdió la confianza en Jesús.

Yo estoy convencido de esto, de que la fe de Juan nunca decayó. De hecho, el mismo Juan sabía que atravesaría momentos difíciles y que él tenía que menguar para que Jesús creciera. En un momento dado Juan nos habla de esto y hasta narra una pequeña parábola.

Juan 3:28-30
Vosotros mismos me sois testigos de que dije: Yo no soy el Cristo, sino que soy enviado delante de él. El que tiene la esposa, es el esposo; mas el amigo del esposo, que está a su lado y le oye, se goza grandemente de la voz del esposo; así pues, este mi gozo está cumplido. Es necesario que él crezca, pero que yo mengüe.

Juan sabía que él era el amigo del esposo, lo que entendemos es, que él era el padrino del esposo en la parábola. También él entendía que iban a ocurrir diferentes sucesos para que él menguara y Jesús creciera. Juan sabía que el ministerio de Jesús crecería y que su trabajo era abrir el camino a Jesús. También conocía que ya el ministerio de Jesús comenzaba después del bautismo y también que llegaba el momento de que él menguara. Juan tenía los pies bien puestos en la tierra y conocía quien era Jesús y quien era él.

Teniendo todo esto en consideración volvamos a la pregunta de Juan *¿Eres tú aquel que había de venir, o esperaremos* *a otro?* Excavemos un poco más, para encontrar el tesoro escondido en esta pregunta. Primero, tengamos en cuenta lo que nos hablan los Evangelios Sinópticos de lo que Juan decía que haría Jesús.

Mateo 3:11-12

Yo a la verdad os bautizo en agua para arrepentimiento; pero el que viene tras mí, cuyo calzado yo no soy digno de llevar, es más poderoso que yo; Él os bautizará en Espíritu Santo y fuego. Su aventador está en su mano y limpiará su era; y recogerá su trigo del granero y quemará la paja en el fuego que nunca se apagará.

Lucas nos repite lo mismo en su capítulo 3:16 y 17 y Marcos excluye la última parte, la parte del *aventador en su mano...* que toca Mateo en el versículo doce y Lucas en el versículo diecisiete. Estos detalles que Juan narra en esos versículos son la idea que tiene Juan de lo que se supone hará el Mesías. Juan estando en prisión es informado por sus discípulos de todo lo que el ministerio de Jesús está haciendo. Al Juan ser informado de todas las noticias del trabajo de Jesús, es posible que en su mente estuviese pensando de esta manera: "Yo estoy seguro que Jesús es el Mesías, ¿Por qué entonces no se ha convertido aún en un líder político? ¿Por qué Jesús no limpia este pueblo y pone el trigo en el granero y la paja en el fuego que nunca se apagará?" Más importante aún: "¿Por qué Jesús no está bautizando con el Espíritu Santo y fuego?" Es posible que todas estas preguntas estuviesen en la mente de Juan.

Recordemos que el ministerio de Juan era preparar el camino para el Mesías. Por esto, una de las cosas que Juan hacía era predicar que se arrepintieran y luego que se bautizaran en las aguas. Este rito que hasta hoy lo hacemos como símbolo de arrepentimiento y nueva criatura no era nuevo, pues para los gentiles que deseaban judaizarse era necesario que se bautizasen y lavasen en las aguas, como señal de un cambio. Todo esto se practicaba en este tiempo y ahora Juan lo traía; pero para los mismos Judíos en señal de su arrepentimiento. Juan se había hecho la idea y también había visualizado como debería operar el ministerio de Jesús. Estando en prisión él escuchaba que algunas cosas Jesús las estaba realizando; pero faltaban otras. Juan no era la clase de hombre que vacilaba en decir algo. Su fe no estaba fallando, ni mucho menos su confianza en Jesús. Ciertamente, Juan quería asegurarse de cómo Jesús haría las cosas, pues de la manera que él había visualizado que Jesús obraría en su ministerio, no era. Una de las cosas que Juan predicaba era: *"...yo a la verdad os bautizo en agua; pero viene uno más poderoso que yo...(Lucas 3:16)"*. Refiriéndose a Jesús, el cual los bautizaría con el Espíritu Santo y fuego. Ahora vemos a Juan preguntando: *"... ¿Eres tú el que había de venir, o esperamos a otro?...(Lucas 7:19)"*. Enfoquémonos en las palabras *"pero viene uno"* y *"había de venir"*.

Para poder entender la pregunta de Juan, primero era importante comprender la pasión de Juan, su ministerio, el cual era bautizar. En otras palaras Juan le estaba preguntando a Jesús: "¿Eres tú el que los bautizará con el Espíritu Santo o esperamos a otro que los va a bautizar?" Por su puesto que Jesús entendía lo que Juan le estaba preguntando y le responde de una manera que solo Juan puede entender.

Lucas 7:22

Y respondiendo Jesús, les dijo: Id, haced sabed a Juan lo que habéis visto y oído: los ciegos ven, los cojos andan, los leprosos son limpiados, los sordos oyen, los muertos son resucitados y a los pobres es anunciado el evangelio;...

Jesús está respondiendo a Juan con algunas profecías que él conocía del libro de Isaías. Además de esto los mismos discípulos de Juan se habían convertido en testigos de todas estas maravillas y milagros que Jesús estaba haciendo. En otras palabras, Jesús le estaba diciendo que estaba haciendo unas cosas y que las otras las haría de otra forma. En la persona del Espíritu Santo sería que el bautizaría. Jesús le está diciendo que sí, que viene otro y ese es el Espíritu Santo. Esto se explica mejor cuando Jesús mismo se los dice a sus discípulos.

Hechos 1: 4 y 5

Y estando juntos, les mandó que no se fueran de Jerusalén, sino que esperasen la promesa del Padre, la cual, les dijo, oísteis de mí. Porque Juan ciertamente bautizó con agua, más vosotros seréis bautizados con el Espíritu Santo dentro de no muchos días.

En el momento en que los discípulos de Juan hacen la pregunta, Jesús sabe que no podía decir abiertamente que venía otro, era muy temprano en su ministerio para revelarlo; pero un tiempo más adelante comenzó hablar de esto. Jesús comienza a revelarles que vendría otro, Él quería que supieran que les convenía que Él se fuera para que viniese el Consolador.

Juan 14: 16-17 y 26
Y yo rogaré al Padre y os dará otro consolador, para que esté con vosotros para siempre: el Espíritu de verdad, al cual el mundo no puede recibir, porque no le ve, ni le conoce; pero vosotros le conocéis, porque mora en vosotros, y estará en vosotros. Más el Consolador, el Espíritu Santo, a quien el Padre enviará en mi nombre, Él os enseñará todas las cosas y os recordará todo lo que yo os he dicho.

Juan 16:7
Pero yo os digo la verdad: Os conviene que yo me vaya; porque si no me fuera, el Consolador no vendría a vosotros; más si me fuere, os lo enviaré.

La otra parte que Juan predicaba acerca de lo que haría el Mesías, refiriéndose al trigo en el granero y la paja en el fuego. Ese juicio que Dios realizará aún no tiene cumplimiento. Definitivamente, sabemos que cuando Dios juzgue a las naciones mucha paja irá al fuego y ahí tendrá cumplimiento. También es importante entender que cuando el texto habla sobre el bautismo del Espíritu Santo y fuego, se refiere a dos bautismos. El primero para todos los creyentes que reciben el Espíritu Santo. El segundo será para los que no creen y recibirían un bautismo en fuego. La parte del fuego tiene que ver con el juicio final por no haber aceptado en sus vidas a Jesús. Esto es otro tema que con los años ha sido muy criticado por las diferentes opiniones de eruditos y teólogos.

El verdadero tesoro que encontramos aquí está en la profunda pregunta de Juan *"...¿Eres tú aquel que había de venir o esperamos a otro?"* La respuesta a esta pregunta es sí, viene otro. ¿Quién es el que viene? El Espíritu Santo, que descendió más adelante en el día de Pentecostés y todavía está en esta tierra. Además, habita dentro de cada creyente y nos redarguye de pecado, nos consuela, nos motiva, nos enseña, nos anima, nos dirige y obra de muchas formas en nuestra vida. ¡Gloria a Dios por el Espíritu Santo!, Amén.

Tesoro 8
La veracidad de los Evangelios.

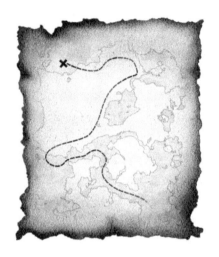

1 Corintios 15:3-8
Porque primeramente os he enseñado lo que asimismo recibí:
Que Cristo murió por nuestros pecados, conforme a las
Escrituras; y que fue sepultado, y que resucitó al tercer día,
conforme a las Escrituras;
y que apareció a Cefas, y después a los doce. Después
apareció a más de quinientos hermanos a la vez, de los cuales
muchos viven aún, y otros ya duermen. Después apareció a
Jacobo; después a todos los apóstoles; y al último de todos,
como a un abortivo, me apareció a mí.

Con el pasar de los años es muy notable ver como muchas personas se van alejando más de Dios. Otras, con el simple hecho de que tú menciones el nombre de Dios o el nombre de Jesús, provocas que se sientan ofendidas. Observo cada vez más que muchos tienen muchas excusas para no querer aceptar y buscar al único Dios verdadero, el Gran Yo Soy. Sin embargo, también he sido testigo de la conversión de muchas familias. Las cuales, han entregado sus vidas a Dios y comenzado un proceso de transformación. El cual en la mayoría de los casos ha sido un proceso difícil. Lo importante aquí ha sido la perseverancia y la fe de la familia. Provocando así logros grandiosos y por consecuencia vemos las familias completas dando frutos maravillosos y siendo utilizados por Dios para la edificación de la iglesia.

Yo he tenido la oportunidad y el privilegio de haber sido criado en la iglesia desde que era un bebé. Desde entonces nunca me he apartado de los caminos del Señor. A mis veintiocho años de edad, mi esposa y yo levantamos la primera iglesia. Hemos sido testigos de las maravillas que Dios puede hacer. Ciertamente puedo decir que Jesucristo es real, Él vive y no hay duda de que nos ama. Murió por ti y por mí, resucitó al tercer día y ahora vive para siempre. Los que se empeñen en decir que no existe Dios, simplemente no saben la bendición que se pierden.

Por otro lado, me he dado a la tarea, en los últimos años, de probarle a muchos que Jesucristo es real. Es por esto que he dedicado mucho tiempo al estudio de los Evangelios. Los cuales nos hablan de la vida de nuestro Señor Jesucristo.   Cuando analizamos los Evangelios y profundizamos en ellos, si los unimos nos damos cuenta de que solo nos hablan de aproximadamente algunos dieciséis a dieciocho días de la vida de Jesús.

¿Cuán real son los Evangelios? Esto es una de las cosas que he estudiado profundamente.   Para poder probar su veracidad es muy importante saber cuándo fueron escritos los Evangelios.   No solamente estudiar los hechos, que son ciertísimos, sino también el momento en el cual fueron escritos.   El estudiar todo, esto se convierte en escudriñar.   Muchos han tenido la Biblia a su alcance por años, la han leído, la han estudiado; pero no han profundizado ni escudriñado la misma y mucho menos le han pedido al Espíritu Santo que los dirija, que los guíe en el estudio de la misma.   Usted puede tener la Biblia por muchos años y no conocer el poder que ella tiene.   La Biblia es el único libro en el mundo que cuando lo lees, si así usted lo deseas, el autor puede estar presente.

En una ocasión el Príncipe de Granada, un heredero de la corona Española, fue sentenciado a una vida en aislamiento en una vieja prisión de Madrid llamada "El lugar de la carabela".   El lugar se había ganado el nombre por el temeroso, sucio y triste ambiente que presentaba.   Todos sabían que una vez uno entrase allí, nunca saldría con vida. El príncipe recibió un libro para que lo leyese durante toda su vida: La Biblia. Con solamente un libro para leer, él lo leyó cientos de veces. El libro se convirtió en su eterno acompañante.

Tras treinta y tres años de encarcelamiento, el Príncipe murió. Cuando vinieron a limpiar su celda, encontraron algunas marcas que él había escrito utilizando clavos para marcar las blandas rocas de las paredes. Las notas eran de este tipo: El Salmo 118:8 es el versículo que está justo en medio de la Biblia; Esdras 7:21 contiene todas las letras del alfabeto excepto la letra j; el noveno versículo del capítulo ocho de Ester es el más largo de la Biblia; en la Biblia no hay ninguna palabra o nombre de más de seis sílabas. Cuando Scott Udell observó por primera vez estos hechos en un artículo en *Psychology Today*, el puntualizó lo extraño de un individuo que atravesó treinta y tres años de su vida estudiando lo que algunos describen como el libro más grande de todos los tiempos y sin embargo, solo pudo recoger trivialidades. De todo lo que sabemos nunca hizo ningún compromiso religioso o espiritual con Cristo; pero se convirtió en un experto de trivialidades Bíblica.

Como dije anteriormente, usted puede tener la Biblia por muchos años y no conocer el poder que ella tiene. Usted tiene el poder para decidir que va a hacer con la Biblia. Si desea profundizar o simplemente usarla como algo trivial o un amuleto. En mi caso, he decido estudiarla y escudriñarla hasta encontrar los tesoros escondidos. En este capítulo estudiaremos la veracidad de los Evangelios, cuándo los Evangelios fueron escritos.

¿Alguna vez has tenido la oportunidad de estudiar las fechas de cuando fueron escritos los Evangelios? Probablemente sí, de hecho, la mayoría de las Biblias de Estudio al principio de cada libro nos sugiere la fecha de cuando se cree que fueron escritos los mismos. En esta ocasión, quisiera enfocarme en los Evangelios Sinópticos y estudiar la fecha de cuando fueron escritos. La frase *Evangelios Sinópticos* se ha utilizado para hacer referencia a tres de los cuatro Evangelios, específicamente, estamos hablando de Mateo, Marcos y Lucas. Se le han llamado *Sinópticos* debido a su contenido y al orden de sus narraciones, las cuales son muy semejantes, todas ellas concuerdan y se complementan, provocando así un mejor panorama de los hechos de Jesús.

Es mi intención que usted, amigo lector pueda considerar este análisis del estudio de los Evangelios, el cual desarrollaré en el transcurso de este capítulo, para poder así encontrar el tesoro escondido y que se pueda afirmar mucho más la veracidad de los Evangelios. También le invito a estudiar más profundo este tema y que usted mismo, pueda llegar a sus propias conclusiones. Yo me he dado la tarea de dedicar muchas horas de estudio a este tema y he llegado a entender y a fortalecer la veracidad de los Evangelios Sinópticos.

Es importante comprender que cuando se habla de las fechas de los Evangelios Sinópticos, no existe una evidencia exacta de cuando realmente fueron escritos. Basándonos en algunos escritos de los padres de la Iglesia tales como Justino Mártir en el 150 d. C. y también Ireno en el 185 d.c. y algunos eruditos y teólogos que concuerdan en colocar los Evangelios Sinópicos en algunas fechas antes del año 70 d.C. Todos concuerdan en colocarlos antes de estas fechas porque en ninguno de los Evangelios Sinóptico habla sobre el acontecimiento que ocurrió en el año 70 d.C. donde el ejército romano dirigido por el futuro emperador Tito conquistara la ciudad de Jerusalén y destruyera el templo. Un acontecimiento así debió haber sido mencionado en los Evangelios Sinóptico; pero cuando en Mateo, Marcos y Lucas se menciona el Templo no se hace referencia a esto porque sencillamente, cuando fueron escritos este evento no había ocurrido. Es por esto que la fecha de los Evangelios Sinópticos es colocada en un periodo antes del 70 d.C.

Cuando estudio este tema, me he dado cuenta de que no existe una seguridad cuando hablamos de la fecha exacta que fueron escritos los Evangelios Sinópticos. En mí investigación, al momento de buscar las fechas en que se cree fueron escritos los Evangelios, encuentro que los eruditos y teólogos utilizan estas palabras: se ha sugerido, es probable, aunque no seguro, algunos han propuesto, algunos piensan y es muy posible, entre otras. Esto ocurre porque no tenemos una fecha exacta o una evidencia exacta que nos diga cuando exactamente fueron escritos los Evangelios Sinópticos.

Una de las teorías es que Marcos fue escrito aproximadamente en un punto entre finales de la década de los 50 d.c. y principios de la década de los 60 d.c. Y luego Mateo y Lucas usan a Marcos como fuente principal para escribir sus libros. También, se ha sugerido una hipótesis que tiene que ver con el misterio del Material Q. ¿Qué es exactamente Q? Esto se refiere a la palabra alemana Quelle que significa "fuente". Estos documentos Q no son otra cosa que material recopilado, escritos de hechos y enseñanzas de Jesús que se cree se escribieron porque en esa época era algo común escribir sobre los hechos de maestros respetados. Ciertamente, no se puede comprobar esto, ya que nunca se ha encontrado una copia de tales documentos. Simplemente es una hipótesis y muchos se inclinan a pensar que estos documentos si existieron y fueron utilizados por Marcos, Mateo y Lucas para redactar sus evangelios. Una comparación matemática mostraría que Mateo contiene el 91 % del material que tiene el Evangelio de Marcos y el Evangelio de Lucas contiene un 53%. Por causa de esto es que viene la pregunta ¿Dependieron los autores de una fuente común o simplemente se comunicaron entre sí?

Otros eruditos y teólogos se inclinan más a pensar que simplemente ninguno se copió de nadie y que todos escribieron los hechos individuales sin ninguna comunicación a no ser solo el Espíritu Santo que tenían todos los autores en común, que los guiaba a escribir, a entrevistar y buscar testigos oculares para poder desarrollar sus evangelios. Sin embargo, lo más que me interesa no es como escribieron los evangelios, sino cuando fue que los escribieron. Siempre me ha interesado el "cuando" debido a que existen muchos escépticos que por causa del "cuando" escribieron los evangelios, no creen en su veracidad. Diciendo así que han pasado muchos años del momento en que los escribieron al momento donde fueron y ocurrieron los hechos. Provocando así que tengan un pensamiento inclinado a decir: "que hay muchos errores y datos que no son reales". Es por esto por lo que yo me inclino más a estudiar el "cuando".

Qué pasaría si te dijese que existe una evidencia Bíblica donde nos habla de cuando realmente fueron escritos los Evangelios. Que tenemos una porción en las Escrituras donde nos ayuda a saber y ubicar una fecha exacta de cuando fueron escritos los Evangelios Sinópticos. Sería muy interesante, ¡verdad! Pues si la tenemos. Aunque en el pasado ha sido estudiada por teólogos y eruditos de la Biblia. En estas últimas décadas ha pasado desapercibida y esta generación no la ha estudiado lo suficiente para ser considerada. Sin embargo, esta accesible a todos para su estudio. Estudiemos a continuación esta porción.

Primero, para poder comprender realmente la profundidad de estas porciones es muy importante leerla como en el momento en que fue escrita por el apóstol Pablo y me refiero a un formato de texto más como un párrafo y eliminar de esta porción los números de los versículos. La división en versículos nos quita la verdadera profundidad que existe en esta porción Bíblica. Es muy importante entender en primer lugar que en 1250 d.c. el Cardenal Hugo incorporó los capítulos en la Biblia. Luego en 1551 Roberto Stephens (Robert Etienne) introdujo un Nuevo Testamento Griego con las divisiones en versículos y estas son las divisiones que hoy tenemos. Vamos a leerlo nuevamente, pero en un formato de párrafo.

1 Corintios 15:1-8
Además os declaro, hermanos, el evangelio que os he predicado, el cual también recibisteis, en el cual también perseveráis; por el cual asimismo, si retenéis la palabra que os he predicado, sois salvos, si no creísteis en vano. Porque primeramente os he enseñado lo que asimismo recibí: Que Cristo murió por nuestros pecados, conforme a las Escrituras; y que fue sepultado, y que resucitó al tercer día, conforme a las Escrituras; y que apareció a Cefas, y después a los doce. Después apareció a más de quinientos hermanos a la vez, de los cuales muchos viven aún, y otros ya duermen. Después apareció a Jacobo; después a todos los apóstoles; y al último de todos, como a un abortivo, me apareció a mí.

Después de leerlo de esta manera enfoquémonos en la oración que comenzaría si estuviesen divididos en versículos, en el tres. Los versículos tres, cuatro y cinco son una sola oración que es parte de un párrafo. El Apóstol Pablo en primer lugar, está diciendo que el recibió unas *Escrituras* donde dice que Cristo murió por nuestros pecados. Posiblemente Pablo está refiriéndose a Isaías cincuenta y tres donde nos habla un poco de esto; pero se pone muy interesante, pues la oración no termina ahí. Luego Pablo habla de que Cristo fue sepultado y resucitó al tercer día y vuelve a referirse a *Las Escrituras*. La oración no ha terminado aún y continúa diciendo que se le apareció a Cefas y después a los doce. La pregunta que me hago aquí es: "¿En qué escritura del Antiguo Testamento habla de que se le apareció a Cefas y luego a los doce?". Ciertamente, en ninguna, tampoco existe ninguna porción en el Antiguo Testamento que nos diga que Cristo resucitaría al tercer día, podemos encontrar textos que nos hablan sobre que Cristo resucitaría; pero no especifican que sería al tercer día. Sin embargo, el profeta Oseas es el único que hace mención de una resurrección al tercer día; pero esta porción no es considerada una profecía mesiánica. Porque el contexto en esta porción es de enfermedad y no de muerte. El Profeta se está refiriendo en la misma a la rapidez de la sanidad y la resurrección que recibiría.

Oseas 6
Venid y volvamos a Jehová; porque él arrebató, y nos curará; hirió, y nos vendará. Nos dará vida después de dos días; en el tercer día nos resucitará, y viviremos delante de él. Y conoceremos, y proseguiremos en conocer a Jehová; como el alba está dispuesta su salida, y vendrá a nosotros como la lluvia, como la lluvia tardía y temprana a la tierra.

Entendiendo esto, vienen a mi mente otras preguntas. ¿A qué Escritura se refiere Pablo en esta oración que comienza en el versículo tres?, ¿Cuándo y en qué momento Pablo recibe estas Escrituras? Estoy convencido de que Pablo se refiere al Evangelio de Marcos o Mateo y quizás a algunos documentos Q, cuando habla de las Escrituras. Si Jesús murió y resucitó en el 33 d. C. El Apóstol Pablo se convirtió en el 36 d. C. Inmediatamente fue llevado a Damasco donde se encontró con Ananías y otros discípulos. Luego, el libro de los Hechos nos dice que Pablo predicaba a Cristo en la sinagoga; pero muchos no podían entender que el mismo que los perseguía ahora predicaba a Cristo. Luego de muchos días algunos judíos decidieron matarlo. En Hechos 9:25 y 26 vemos al Apóstol Pablo escapar.

Hechos 9:25-26
Entonces los discípulos, tomándole de noche, le bajaron por el muro, descolgándole en una canasta. Cuando llegó a Jerusalén, trataba de juntarse con los discípulos; pero todos le tenían miedo, no creyendo que fuese discípulo

Si tomamos en consideración Gálatas 1:17 al 18: *"ni subí a Jerusalén a los que eran apóstoles antes que yo; sino que fui a Arabia, y volví de nuevo a Damasco. Después, pasados tres años, subí a Jerusalén para ver a Pedro, y permanecí con él quince días;"* Aquí nos damos cuenta de que entre los versículos veinticinco y veintiséis de Hechos nueve, pasaron tres años y que en algún momento entre estos versículos, en esos tres años Pablo recibe estas *Escrituras* que seguramente ya se estaban pasando entre los hermanos de la iglesia primitiva. Esto nos daría una fecha, estoy convencido de que estas Escritura se hicieron aproximadamente en el año 35 d.C.

Pablo las recibe entre el 36 d.C. y el 39 d.C. Es por esto también que Lucas comienza su evangelio diciendo:

Lucas 1:1-4
Puesto que ya muchos han tratado de poner en orden la historia de las cosas que entre nosotros han sido ciertísimas, tal como nos lo enseñaron los que desde el principio lo vieron con sus ojos, y fueron ministros de la palabra, me ha parecido también a mí, después de haber investigado con diligencia todas las cosas desde su origen, escribírtelas por orden, oh excelentísimo Teófilo, para que conozcas bien la verdad de las cosas en las cuales has sido instruido.

Cuando Lucas escribe su libro ya había personas que habían escrito datos de Jesús o hechos de Jesús, lo que había pasado. El decide escribir a su amigo Teófilo, para poner en orden los sucesos por que posiblemente los que habían escrito habían dejado algunos detalles importantes de la vida de Jesús. Y Lucas hace una investigación utilizando testigos oculares. Personas que habían sido testigos de los acontecimientos de Jesús y Lucas se encargó de buscarlos y entrevistarlos, para así poder redactar su evangelio. Entonces es posible que Lucas, en los primeros versículos que escribe se refiera al Evangelio de Marcos, de Mateo y posiblemente algunos documentos Q.

Sin embargo, podría ser confirmado más al entender mejor la cultura judía. Los judíos son muy cuidadosos en escribir su historia, hechos y cronologías. No solo los judíos, sino también muchas de las otras culturas que existían en los tiempos de la iglesia primitiva.

¿Qué es lo que pienso que posiblemente pasó? Este es el tesoro escondido en estos versículos. En el año 33 d.c. Jesucristo resucita y una de las cosas que les dice a sus discípulos es: *'Yo vengo pronto'*. Luego los discípulos reciben el Espíritu Santo en el día de pentecostés en el Aposento Alto. Inmediatamente comienzan a predicar el Evangelio y se inicia un avivamiento. Muchos vendían sus casas y propiedades y las ponían a los pies de los Apóstoles. Esto aproximadamente ocurrió entre los años 33 al 35 d.c. Es entonces donde algunos pensaron y decidieron: *"Ya ha pasado más de un año, Jesús dijo que vendría pronto; pero aún no llega. Es necesario que escribamos los hechos de las historias de Jesús"*. Es aquí donde aproximadamente en el año 35 d.c. se empiezan a escribir estos hechos y luego a pasarse por las iglesias hasta el punto en que llegan a manos de Pablo entre el año 36 al 39 d.C.

He podido llegar a esta conclusión por la evidencia Bíblica que existe, además le daría más veracidad a los Evangelios Sinópticos y los escépticos no tendrían excusas y tendrían que renunciar a su débil pensamiento de que los Evangelios fueron escritos muchos años después del momento de los hechos. Creo que este punto de vista es muy interesante y digno para que usted, amigo lector, dedique más tiempo a su estudio. He aquí un tesoro escondido.

Tesoro 9

La mujer adúltera y el Ángel en el Estanque de Betesda

Juan 8:3-4

Entonces los escribas y los fariseos le trajeron una mujer sorprendida en adulterio; y poniéndola en medio, le dijeron: Maestro, esta mujer ha sido sorprendida en el acto mismo de adulterio.

Juan 5: 2-4

Y hay en Jerusalén, cerca de la puerta de las ovejas, un estanque, llamado en hebreo Betesda, el cual tiene cinco pórticos. En éstos yacía una multitud de enfermos, ciegos, cojos y paralíticos, que esperaban el movimiento del agua. Porque un ángel descendía de tiempo en tiempo al estanque, y agitaba el agua; y el que primero descendía al estanque después del movimiento del agua, quedaba sano de cualquier enfermedad que tuviese.

Vivimos en un mundo lleno de tecnología. Cada día que pasa aumenta cada vez más la ciencia y la creación de cosas que pudiéramos decir: "Hacen la vida de las personas más fácil". Es muy notable ver como en la última década han aumentado las comunicaciones en las redes sociales. Páginas como Facebook, Twitter y otras aplicaciones que ciertamente son herramientas poderosas para comunicarnos y predicar el evangelio. También son utilizadas para hacer mucho daño. Hoy día muchos matrimonios son destruidos por el abuso y uso descontrolado de las mismas. Muchas de estas páginas o aplicaciones son muy buenas para acercarnos a los seres queridos que se encuentran lejos de nosotros, también poco a poco nos van alejando de los seres queridos que están cerca. Es increíble; pero cierto, nos acercan a los familiares que están lejos y a la misma vez nos alejan de los que están cerca. Ciertamente, toda esta tecnología que nos rodea tiene sus cosas buenas y malas. Simplemente tenemos que utilizarlas sabiamente para tener éxito en la vida.

Personalmente me gusta leer las noticias de lo que está pasando en el mundo a través de estas redes. Pero, en los últimos años me he dado cuenta de algo que es importante recalcar. ¿Todo lo que leo, es cierto?, ¿Todo lo que veo, es verdad? Es muy importante hacernos estas preguntas a la hora de navegar en las redes sociales o en los periódicos y revistas. Si bien es cierto, muchas veces vemos fotos que son un fraude, son montadas con programas para fotos. O también podemos leer noticias que son alteradas o exageradas, cambiando así lo que en realidad ocurrió. Por esta razón hay que tener mucho cuidado cuando hacemos nuestros comentarios en fotos y noticias que aparecen en las redes, pues muchas veces no son ciertas. La verdad es que en ocasiones, como dije anteriormente son inventos, exageraciones o alteraciones y no te presentan los hechos como en realidad ocurrieron. Es bien importante que corroboremos todo lo que leemos o escuchemos antes de juzgar o llegar a nuestras propias conclusiones.

Por ejemplo, hace algún tiempo leí la noticia de un pastor, que era completamente falsa, pues yo conozco los hechos de ese pastor. Nunca había ocurrido y fue creada para hacerle daño a este pastor. Sabemos que hay muchas personas mal intencionadas que lo que desean es hacer daño. Como también hay personas que les gusta crear sensaciones o controversias.

Así que, ciertamente, no todo lo que muchas veces leemos es cierto, no todo lo que muchas veces vemos es verdad. De hecho, estas cosas vienen ocurriendo desde hace mucho tiempo atrás. Aunque no existían las redes sociales hace muchos años atrás, también ocurrían estas cosas a menudo. Es por esto que en esta ocasión he querido unir dos temas completamente diferentes el uno del otro, que encontramos en el libro de Juan. La mujer adúltera en el capítulo 8: 1-11 y el relato del Estanque de Betesda encontrado en el capítulo 5:1-18. Aunque, a primera vista aparente que no tienen nada en común es muy importante comprender que ambas porciones son muy parecidas en el simple hecho que nunca ocurrieron. ¡Cómo es posible que nunca ocurrieran! ¿Porqué razón nunca ocurrieron?

1. Los mejores y más antiguos manuscritos los excluyen.
2. Versiones antiguas de la Palabra también los excluyen.
3. Ningún padre de la Iglesia griega hizo comentarios sobre estos pasajes hasta el siglo XVII.
4. El vocabulario utilizado en estas porciones no es de Juan, es muy diferentes al resto de su Evangelio.

En el caso de la mujer adúltera, en el capítulo 8:1-11, toda esta porción es añadida al Evangelio de Juan y la porción del estanque de Betesda en el Capítulo 5 de Juan del 1-18. Solamente la parte b del versículo tres y todo el versículo cuatro son añadidos al relato.

Juan 5: 3 y 4
*"…que esperaban el movimiento del agua. **Porque un ángel descendía** de tiempo en tiempo al estanque, y agitaba el agua; y el que primero descendía al estanque después del movimiento del agua, quedaba sano de cualquier enfermedad que tuviese".*

¿Qué sucedía en el estanque? Estudiosos del tema han concluido que posiblemente había un sector subterráneo de energía, ya sea de aire o una corriente debajo del estanque que hacía que este burbujeara de vez en cuando. La gente de la época, al igual que hoy, aferraba sus vidas a algo que les ayudase.   Hoy, por ejemplo, lo vemos mucho cuando se habla de que se apareció un virgen en un supuesto lugar o que en un árbol hay una imagen que apareció y la imagen llora.   Luego las personas hacen fila para visitar el lugar, porque están convencidos de que en ese lugar recibirán un milagro.   Algo similar a esto es lo que pasa en la porción del Estanque de Betesda; pero ciertamente, fue una oportunidad que Jesús uso para sanar aquel hombre.

En aquel tiempo las personas comenzaron anunciar y comentar sobre el agua.   Decían que se producía algo sobre natural cuando el agua burbujeaba.   Según las historias o leyendas, se creía que un ángel estaba nadando en el estanque, también se pensaba que la primera persona que se sumergiera al agua después de que el ángel nadaba o después del burbujeo, sería sanada.   En ocasiones al estudiar esta parte de la Biblia y el solo hecho de pensar en estas pobres personas que se colocaban cerca del estanque a esperar que "supuestamente descendiera un ángel", me parece muy cruel de parte del ángel.   Si analizamos la función de los Ángeles, hacer esto, no es una de ellas, ya que son mensajeros y siempre al llevar un mensaje tienen un destinatario y estoy convencido de que no harían esto a un grupo de personas enfermas.   De así hacerlo, sería algo muy triste y cruel y no pasaría el filtro de la palabra.   Es por esto, que se concluye que este evento del ángel era una leyenda y no algo que realmente ocurriera.   La leyenda provocaba que la gente se aglomerara en aquel lugar y es aquí donde Jesucristo aprovecha la oportunidad.

En el caso de la mujer adúltera encontrada en el Capítulo 8:1-11, tenemos mucho material para hablar y hay muchas especulaciones respecto al tema que por causa del espacio, no cubriré en este libro, sin embargo, solo tocaré dos puntos importantes de este tema. Le invito a que escudriñe la Palabra con relación a este tema y pueda usted llegar a sus propias conclusiones.

En primer lugar, se ha encontrado esta porción en algunos manuscritos que no son de mucho peso y la porción hace su aparición en el mismo capítulo ocho; pero después del versículo treinta y seis, en otros manuscritos, después del versículo cuarenta y cuatro. También se ha encontrado que hace su aparición después del versículo cincuenta y dos y en otros; pero muy pocos, se ha encontrado al final, después del capítulo veintiuno versículo veinticinco. Además de esto se ha encontrado una sola vez en un manuscrito fuera del Evangelio de Juan. En esta ocasión la porción ha hecho su aparición después de Lucas veintiuno, treinta y cinco.

Cuando la porción está en Juan capítulo ocho y analizamos bien el contenido de los versículos antes y después del relato, nos damos cuenta que realmente no encaja la porción en la continuidad de los sucesos y aparentemente Juan no escribe así.

En conclusión, al escudriñar esta porción, buscando el tesoro escondido, realmente pienso que sí ocurrió; pero no fue escrita por los autores de los evangelios y no fue mencionada en las epístolas, tampoco fue mencionada ni siquiera como un ágrafo, como es el caso de:

Hechos 20:35
En todo os he enseñado que, trabajando así, se debe ayudar a los necesitados, y recordar las palabras del Señor Jesús, que dijo: Más bienaventurado es dar que recibir.

Un ágrafo, como el ejemplo de arriba, es una porción donde nos menciona algo que hizo Jesús o que dijo, pero no fue escrito en los evangelios.   Sin embargo, en mi investigación con relación a este tema de la mujer adúltera, el tesoro escondido que encontré, es que sí ocurrió; pero de una forma oral y no escrita.   Cuando hablo de una forma oral me refiero a relatos que se acostumbraban hablar en las sinagogas y luego en las iglesias; pero no se escribían. Esto es conocido como la tradición oral.   Este relato, posiblemente fue uno de los mencionados que Jesús hizo y se hacía de manera oral frente a los hermanos de la iglesia primitiva y era tan fuerte este posible hecho, que en algún momento, algunos escribas tomaron la decisión, por su cuenta propia, de añadirlo en algunos manuscritos de las escrituras.

Personalmente, considero que el predicador, líder o ministro que desee predicar sobre estas porciones no debe temer de hablar de ellas, pero debe entender lo antes dicho en estas páginas, para no cometer errores en lo que habla. Yo he predicado de ambas en varias ocasiones y si siento en algún otro momento predicar de ellas, lo volveré a hacer, porque, aunque la evidencia se incline a que no ocurrieron y fueron añadidas, siento que el Espíritu Santo permitió que llegaran hoy a nuestras manos en las Sagradas Escrituras, debemos utilizarlas para predicar el Evangelio.

Lo importante siempre sería estudiar bien las porciones bíblicas, no solo estas dos, sino todas las porciones que usted vaya a utilizar para llevar un mensaje. Pues es muy importante sacar tiempo para la oración y el estudio Bíblico, ya que ambas tienen que ir juntas para poder llevar el mensaje que Dios quiere.

En una ocasión mientras esperaba en la terminal del aeropuerto para abordar su avión, una mujer estaba sentada leyendo el periódico. Previamente, ella había comprado un paquete de galletas en la tienda del aeropuerto para comérselas después de haberse subido al avión. Por el rabillo del ojo, notó que el hombre que estaba sentado junto a ella se estaba comiendo unas galletas. Miró hacia abajo y vio que su paquete de galletas había sido abierto y el hombre se las estaba comiendo.

La mujer no podía creer que el hombre tuviese tal atrevimiento como para comerse sus galletas. Así que para que el hombre no le quitase todas sus galletas, poco a poco se fue acercando, tomó una galleta, y se la comió ella misma. Para su asombro el hombre continúo comiéndose más galletas. Volviéndose cada vez más irritada, la mujer sacó todas excepto una de las galletas del paquete y se las comió. En ese momento, el hombre metió la mano y tomó la última galleta. Antes de comérsela, sin embargo, rompió la galleta en dos y dejó la mitad de la galleta para la mujer. Esto hizo que la mujer se enfadara tanto que tomó el paquete vacío con la media galleta y lo metiera en su bolso. En ese momento, y para su asombro, notó que dentro de su bolso había un paquete de galletas sin abrir.

Es por esto que siempre debemos verificar los hechos antes de llegar a cualquier conclusión. Debemos analizar los hechos de cualquier porción Bíblica que vayamos a utilizar para predicar. Esto se llama hacer la exégesis del texto. El acostumbrarnos a hacer esto siempre nos evitara cometer errores y hasta en ocasiones nos puede evitar vergüenzas.

Tesoro 10
Todo ayuda para bien.

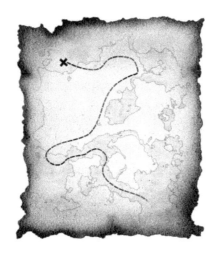

Romanos 8:28
Y sabemos que a los que aman a Dios, todas las cosas les ayudan a bien, esto es, a los que conforme a su propósito son llamados.

En algún momento, en los primeros meses de mi vida fui presentado al Señor en una ceremonia en la Iglesia Luz del Mundo en Aguas Buenas, Puerto Rico. Este tipo de ceremonia es muy habitual entre las iglesias cristianas y trata sobre llevar un bebé y presentarlo ante Dios. En esta ceremonia se ora por el bebé y su familia. También aquí los padres del niño se comprometen, junto con los testigos, a criar al niño bajo las enseñanzas de la Biblia. Desde ese momento hasta hoy he perseverado en los caminos del Señor. Aunque siempre he estado en la Iglesia, en mi adolescencia decidí aceptar al Señor Jesucristo como mi Salvador y dejarlo entrar en mi corazón. Desde entonces, y a Dios sea la gloria, nunca me he apartado de sus caminos. Sin embargo, esto no quiere decir que este caminar haya sido fácil y mucho menos que existiese un escudo protector que provocase que no atravesare situaciones difíciles que hicieren que quisiera detenerme en el camino.

Al igual que la mayoría de los creyentes, atravesamos diferentes pruebas y sabemos que muchas veces llegan situaciones difíciles a nuestras vidas y esto podría ser a diario. En ocasiones he escuchado creyentes hablar sobre lo bien y exitosa que le va la vida de prosperidad que llevan. Ninguna dificultad o prueba les visita y aunque todo esto es muy bueno y Dios nos bendice en este caminar, ciertamente, no todo es así, no todo es de color rosa en este caminar. Es muy probable que algo ande mal en estas personas, aunque lleven una vida de prosperidad. Recordemos que solo a los árboles que dan frutos son a los que se les lanzan piedras. También debemos recordar que si queremos ir en pos de Jesucristo hay que cargar con nuestra cruz y ciertamente cargar con nuestra cruz cuesta. También el Apóstol Pedro nos habla sobre esto.

I Pedro1: 6-7
En lo cual vosotros os alegráis, aunque ahora por un poco de tiempo, si es necesario, tengáis que ser afligidos en diversas pruebas, para que sometida a prueba vuestra fe mucho más preciosa que el oro, el cual aunque perecedero se prueba con fuego, sea hallada en alabanza, gloria y honra cuando sea manifestado Jesucristo.

Por difícil que nos parezca creer, todas estas situaciones que atravesamos como creyentes son normales. Es por esta razón que he decidido hablar sobre este tema. Pues si es cierto que atravesamos muchas situaciones, también es cierto que Dios ha prometido estar con nosotros todos los días hasta el fin.

Mateo 28:20
Enseñándoles que guarden todas las cosas que os he mandado; y he aquí yo estoy con vosotros todos los días, hasta el fin del mundo. Amén.

Un maestro samurái paseaba por un bosque con su fiel discípulo. Vio a lo lejos un sitio de apariencia pobre y decidió hacer una breve visita al lugar. Durante la caminata le comentó al aprendiz sobre la importancia de realizar visitas, conocer personas y las oportunidades de aprendizaje que obtenemos de estas experiencias. Llegando al lugar constató la pobreza del sitio, los habitantes: una pareja y tres hijos, la casa de madera, vestidos con ropas sucias y rasgadas, sin calzado. Entonces se aproximó al señor, aparentemente el padre de familia y le preguntó: "En este lugar no existen posibilidades de trabajo ni puntos de comercio tampoco, ¿cómo hacen usted y su familia para sobrevivir aquí?" El señor calmadamente respondió: "amigo mío, nosotros tenemos una vaquita que nos da varios litros de leche todos los días. Una parte del producto la vendemos o lo cambiamos por otros géneros alimenticios en la ciudad vecina y con la otra parte producimos queso, cuajada, etc., para nuestro consumo y así es como vamos sobreviviendo." El sabio agradeció la información, contempló el lugar por un momento, luego se despidió y se fue.

En el medio del camino, volteó hacia su fiel discípulo y le ordenó: "Busque la vaquita, llévela al precipicio de allí enfrente y empújela al barranco." El joven espantado vio al maestro y le cuestionó sobre el hecho de que la vaquita era el medio de subsistencia de aquella familia. Más como percibió el silencio absoluto del maestro, fue a cumplir la orden. Así que empujó la vaquita por el precipicio y la vio morir. Aquella escena quedó grabada en la memoria de aquel joven durante algunos años. Un bello día el joven agobiado por la culpa resolvió abandonar todo lo que había aprendido y regresar aquel lugar y contarle todo a la familia, pedir perdón y ayudarlos. Así lo hizo, y a medida que se aproximaba al lugar veía todo muy bonito, con árboles floridos, todo habitado, con un carro en el garaje de una tremenda casa y algunos niños jugando en el jardín. El joven se sintió triste y desesperado imaginando que aquella humilde familia tuviese que vender el terreno para sobrevivir, aceleró el paso y llegando allá, fue recibido por un señor muy simpático. El joven preguntó por la familia que vivía allí hacia unos cuatro años, el señor respondió que seguían viviendo allí. Espantado el joven entró corriendo a la casa y confirmó que era la misma familia que visitó hacía algunos años con el maestro. Elogió el lugar y le preguntó al señor (el dueño de la vaquita): "¿Cómo hizo para mejorar este lugar y cambiar de vida?" El señor entusiasmado le respondió: "Nosotros teníamos una vaquita que cayó por el precipicio y murió, de ahí en adelante nos vimos en la necesidad de hacer otras cosas y desarrollar otras habilidades que no sabíamos que teníamos, así alcanzamos el éxito que sus ojos vislumbran ahora.

Por difícil que muchas veces sean las situaciones que llegan a nuestra vida. También tenemos que admitir que con cada situación Dios nos regala una fortaleza impresionante y cuando nos ponemos en las manos de Dios experimentamos que todo por difícil que sea ayudará para bien. Solo aquellos que han vivido esos momentos duros de la vida y han permanecido, son los que hoy pueden hablar de esa fortaleza que solo el Señor puede dar.

Como creyentes debemos vivir la palabra de Dios. Debemos vivir lo que predicamos; pero cuando nos encontramos un texto como el de Romanos 8:28, se nos hace bastante difícil. He decidido estudiar este texto para poder encontrar el tesoro escondido que hay en él. Pues es muy interesante saber que este texto es considerado (el texto más difícil de vivir). Se ha llegado a esa conclusión debido al contenido del mismo. Aun así, es uno de mis textos favoritos de la Biblia. Te invito a estudiarlo junto conmigo.

Romanos 8:28

Y sabemos que a los que aman a Dios, todas las cosas les ayudan a bien, esto es a los que conforme a su propósito son llamados.

¿Por qué Romanos 8:28 es el texto más difícil de vivir? Analicemos un poco su contenido. Definitivamente el Apóstol Pablo le está diciendo a los cristianos de Roma y a cada uno de nosotros que no importa las situaciones que atravesemos, como amamos a Dios y hemos sido escogidos y llamados por Él, todas las situaciones tienen un propósito y todo ayudará y obrará para bien. Es aquí donde le texto se pone difícil y considerado el texto más difícil de vivir de las Escrituras. Pues, ciertamente, es muy fácil cuando todo está bien en nuestras vidas, hablar sobre este texto. Inclusive, también es muy fácil predicarlo frente a una congregación o leérselo a algún hermano que este atravesando una situación difícil. Sin embargo, cuando es a nosotros, que la situación llega a nuestra vida o estamos atravesando una prueba, se nos olvida que todo ayuda para bien. Es precisamente aquí donde ni siquiera podemos pronunciar este texto y donde muchas veces olvidamos lo que una vez predicamos acerca de él. Es por esto que este texto es considerado uno de los más difíciles de vivir que está escrito en la Biblia.

Este texto es una realidad y no necesitamos excavar mucho para encontrar el tesoro escondido en él. Pues simplemente la verdad del texto es su tesoro, que no importa la crisis, la prueba, el dolor, la perdida que hayamos tenido, ni el gigante que se levante, todo inmensamente obrará y ayudará para bien en nuestras vidas. Siempre el plan de Dios será más grande que nuestra crisis. Simplemente no debemos olvidar las palabras de Jesús en el libro de Juan.

Juan 16.33
Estas cosas os he hablado para que en mí tengáis paz. En el mundo tendréis aflicción; pero confiad, yo he vencido al mundo.

Hay momentos muy duros en la vida y en ocasiones sé que es muy difícil entender que Dios permitirá que nosotros atravesemos esas situaciones para luego sacar algo grande y poderoso. Sobre todo, algo de mucha bendición para otros. Hace varios años atrás, recuerdo haber escuchado un testimonio sobre un misionero. Este testimonio impacto mi vida de una manera especial. Lamentablemente por el tiempo que ha pasado no recuerdo todos los detalles del mismo; pero quisiera compartir la esencia del testimonio con ustedes amigos lectores.

En el tiempo de la Segunda Guerra Mundial un joven de Estados Unidos con apenas unos diecisiete años había aceptado al Señor como su Salvador. Habían pasado los meses y este joven perseveraba como un fiel creyente. El deseo en su corazón y lo que lo apasionaba era el trabajo en la obra misionera. Él quería ser misionero y expandir el Evangelio en África. Dadas las circunstancias había llegado a la edad para ir a la guerra. Mientras su sueño de ser misionero iba desapareciendo, nunca perdió la fe de convertirse en un misionero del Señor. Su iglesia y él se pusieron en oración para que Dios interviniera en la situación, ya que se acercaba un viaje misionero a África y él quería ser parte del mismo.

Exactamente no recuerdo lo detalles de cómo Dios lo hizo, pero el joven no tuvo que ir a la guerra y se le permitió ir al viaje misionero. Junto con un grupo de hermanos este joven se dirigió a África a trabajar en la obra de Dios. Los años pasaban y el definitivamente decidió vivir en África y dedicarse por completo a la obra misionera. Con el tiempo conoció a una joven americana que también participaba de los viajes misioneros, se enamoraron y se casaron. Juntos levantaron una iglesia en aquel lugar en el cual había mucha necesidad.

Uno de sus deseos era expandir el evangelio en una pequeña aldea que quedaba cerca de la iglesia que habían levantado. Aquella aldea era un lugar en donde el evangelio nunca había sido predicado y el deseo de ellos era llevar el evangelio en aquel lugar. Los habitantes de la aldea tenían sus dioses y sus creencias y siempre que el misionero hacia un intento por entrar a predicar se le prohibía la entrada a este lugar. Así que los años pasaron sin que esta familia pudiera entrar a esta aldea. Con el tiempo tuvieron tres hijos y también lograron levantar una segunda iglesia en otro pueblo un poco distante del lugar donde habían levantado la primera Iglesia.

La diferencia ahora era que en este segundo lugar habían muchos problemas políticos y muchas guerrillas. Era un lugar donde había mucha resistencia; pero aun así lograron levantar la iglesia. El tiempo pasaba y él sabía que tendría que regresar a los Estados Unidos para arreglar los papeles de sus hijos, pues habían nacido en África. Luego de un tiempo y de asignar pastores en la segunda iglesia salen hacia los Estados Unidos. Habiendo pasado un tiempo, ya todos los papeles de los niños estaban listos y sabían que ya era tiempo de regresar a África, pues sabían que era un lugar donde había mucha necesidad. Llegaron a África precisamente donde habían levantado la primera iglesia y allí estuvieron trabajando un tiempo. Intentaron entrar nuevamente a la misma aldea que estaba cerca; pero una vez más se lo prohibieron. Los esfuerzos que hacían para entrar en aquel lugar eran destruidos por los jefes de aquella aldea.

Luego de un tiempo decidieron ir al lugar donde habían levantado su segunda iglesia. Ahora la situación en ese lugar era más crítica. Los problemas políticos y las guerrillas estaban fuera de control. Tristemente, en un día normal de evangelización el misionero y toda su familia fueron capturados por la guerrilla. Cuando los hermanos de ambas iglesias que habían sido levantadas por ellos se enteraron de la situación, no solamente se fueron en oración, sino que también se comunicaron con la embajada de Estados Unidos para pedir ayuda. La embajada intervino y lograron rescatar a la mujer y sus tres niños; pero no dieron con el misionero. Aunque la familia del misionero estaba a salvo, el misionero todavía estaba en peligro. Al ser rescatada la familia por la embajada, esto provocó que la guerrilla y sus líderes se molestasen mucho. Lamentablemente, el misionero fue sometido a una terrible tortura, fue maltratado y torturado hasta la muerte. Su cuerpo fue lanzado a un río de aquel lugar y su familia nunca pudo recuperar el cuerpo de este misionero.

Inconsolables, la familia del misionero y los hermanos de las iglesia atravesaban un mal momento, donde seguramente no podrían mencionar el texto de Romanos 8:28. Por difícil que parezca todo ayudará y obrará para bien. Meses antes de que el misionero muriera, en la primera iglesia que habían levantado, en una evangelización un oficial de alto rango de la policía de aquel lugar había aceptado al Señor como su Salvador. Ya habían pasado como seis meses de la muerte del misionero y todavía el oficial continuaba perseverando en los caminos del Señor. En aquel tiempo, en aquella pequeña aldea en donde siempre el misionero hacia intentos de entrar para evangelizar y no había podido. Había crecido, ya no era una aldea tan pequeña y ahora solicitaban en la ciudad una ayuda. El deseo de los jefes de aquel lugar era establecer un reglamento y que existiesen oficiales de policía para ayudar con las situaciones de la aldea. Inmediatamente el oficial de alto rango que había recibido al Señor meses atrás fue enviado a la aldea a crear una academia para preparar personas que fuesen parte del cuerpo de policía de aquel lugar.

Tan pronto como llegó, además de preparar personas para que fuesen policías, también comenzó a predicar el evangelio. Rápidamente fue detenido, pues había sido contratado para preparar nuevos oficiales de policía y ellos no querían escuchar del evangelio. Tristemente y por miedo a perder su trabajo el oficial de alto rango tuvo que callar y no predicar el evangelio. Pasó un poco de tiempo y llegó el día de una asamblea. Era un día en donde se realizaba una reunión con todos los jefes y personas importantes de aquella aldea. Esta reunión se realizaba para hablar temas de cómo mejorar las cosas en la aldea.

El oficial de alto rango fue invitado a aquella reunión. Cuando comenzaba la asamblea era mencionado un refrán que se había convertido en ley en aquel lugar. Decía así: "Si la sangre de un hombre corre por el río que atraviesa la aldea, el mensaje de ese hombre debe ser escuchado por todos". Precisamente por aquella aldea cruzaba el río más grande de aquel lugar y era lo que le daba vida a la aldea. Pues se alimentaban de la pesca y usaban el agua para infinidad de cosas necesarias en sus vidas.

Cuando el oficial de alto rango escuchó esta ley, recordó lo que le había ocurrido a su amigo el misionero. Inmediatamente levantó la mano y sus primeras palabras fueron: Yo conocí a un hombre que fue torturado hasta la muerte y su cuerpo fue lanzado a este río y su sangre corrió por él y yo tengo el mensaje que este hombre quería traerles a ustedes. En aquel momento el Espíritu Santo llenó su boca y comenzó a predicar el evangelio y muchos vinieron a los pies del Señor, de tal manera que hoy en aquel lugar se han establecido trece iglesias cristianas. Pues todo ayudará y obrará para bien a aquellos que aman a Dios.

Por difícil que se nos haga entenderlo, Dios siempre sacará algo grande y poderoso de alguna situación que nosotros estemos atravesando. Este es el tesoro escondido en este texto. Esta es la forma de Dios obrar. Es la forma que él ha decidido para sacar lo mejor de nosotros. Leamos lo que la Biblia nos dice en segunda de Corintios.

2 Corintos 12:9

Y me ha dicho: Bástate mi gracia; porque mi poder se perfecciona en la debilidad. Por tanto, de buena gana me gloriaré más bien en mis debilidades, para que repose sobre mí el poder de Cristo.

Para que tengamos una idea de esta forma de Dios obrar con nosotros. Tengamos en cuenta y recordemos que Dios envía a su hijo, su único hijo a esta tierra. Y Él atraviesa el dolor y sufrimiento más grande que puede atravesar un hombre en la tierra para luego regalarle a la humanidad el regalo más grande que podemos recibir, la salvación de nuestra alma. De algo triste, difícil, de una crisis dolorosa Dios siempre sacará algo bueno. Pues siempre a los que aman a Dios, todas las cosas ayudarán y obrarán para bien.

Tesoro # 11

Serás salvo tú y tu casa

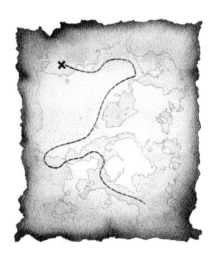

Hechos 16:30-31
y sacándolos, les dijo: Señores, ¿qué debo hacer para ser salvo? Ellos dijeron: Cree en el Señor Jesucristo, y serás salvo, tú y tu casa.

He tenido el privilegio de servirle al Señor y conocerle desde niño. Aun así, esto no me garantizaba la salvación. Al llegar a la edad de entre trece a catorce años tuve que tomar la decisión de reconocer y aceptar a Jesucristo como mi único y exclusivo salvador. Toda mi infancia la había dedicado al Señor y todo esto influyó y me ayudó a tomar una de las mejores decisiones que he tomado en mi vida. Desde entonces he podido experimentar lo que conocemos como el gozo de nuestra salvación. Además de que se ha convertido en prioridad en mi vida hablarles a otros sobre esta salvación. Pues, es mi anhelo que más personas reciban esta salvación y se puedan añadir a la iglesia cada vez más y más personas. Sin embargo, siempre encontraremos algunos que rechazan al Señor Jesucristo y junto con Él esta hermosa salvación. Aunque esto ocurra y muchos tengan en poco esto, no podemos olvidar que nuestro trabajo en el Señor no es en vano.

Podemos recibir regalos de muchas personas que nos aman; pero ciertamente, uno de los regalos más grandes que podremos recibir, nos lo ha dado Dios y ha sido la salvación de nuestra alma. La cual podemos recibir con el simple hecho de creer en el Señor Jesucristo, pues Él murió por nosotros para darnos salvación y vida eterna. En la Biblia, uno de los textos más predicados y que todo cristiano conoce de memoria habla de esto.

Juan 3:16
Porque de tal manera amó Dios al mundo, que ha dado a su Hijo
unigénito, para que todo aquel que en él cree, no se pierda, mas tenga
vida eterna.

Por difícil que parezca, jamás podremos recibir el regalo de la salvación por medio de buenas obras que puedan ser realizadas por nuestra cuenta. En muchos lugares he tenido la oportunidad de dialogar con diferentes personas de diferentes culturas y muchas de ellas erróneamente piensan que llegarán al cielo a través de las obras. Hay una frase que es muy conocida por muchas personas que tienen esta manera de pensar. "Hoy subí un escalón más al cielo". En la mente de estas personas esto es como si existiese una escalera espiritual hacia el cielo y cada vez que realizan una obra de caridad se sienten que han subido un escalón. Lamentablemente, esto es falso y no tiene ninguna base Bíblica. De esta forma no se obtiene la salvación.

Cuantos artistas hay en el mundo que realizan buenas obras de caridad; pero sus vidas están alejadas de Dios. Viven una vida completamente contraria a los preceptos de Dios y ni les interesa seguirlos. Muchos de ellos donan dinero a hospitales y otros hasta abren orfanatos. De hecho, son cosas muy buenas; pero lamentablemente la mayoría de esos artistas hasta son ateos o satánicos. Ciertamente, jamás y nunca llegaremos al cielo a través de las obras. Sin embargo, las obras son muy importantes en la vida del cristiano. La Biblia nos habla sobre la importancia de que los cristianos realicen buenas obras y den fruto.

Santiago 2:14-20

Hermanos míos, ¿de qué aprovechará si alguno dice que tiene fe, y no tiene obras? ¿Podrá la fe salvarle? Y si un hermano o una hermana están desnudos, y tienen necesidad del mantenimiento de cada día, y alguno de vosotros les dice: Id en paz, calentaos y saciaos, pero no les dais las cosas que son necesarias para el cuerpo, ¿de qué aprovecha? Así también la fe, si no tiene obras, es muerta en sí misma. Pero alguno dirá: Tú tienes fe, y yo tengo obras. Muéstrame tu fe sin tus obras, y yo te mostraré mi fe por mis obras. Tú crees que Dios es uno; bien haces. También los demonios creen, y tiemblan. ¿Mas quieres saber, hombre vano, que la fe sin obras es muerta?

Mateo 25:33-46

Y pondrá las ovejas a su derecha, y los cabritos a su izquierda. Entonces el Rey dirá a los de su derecha: Venid, benditos de mi Padre, heredad el reino preparado para vosotros desde la fundación del mundo. Porque tuve hambre, y me disteis de comer; tuve sed, y me disteis de beber; fui forastero, y me recogisteis; estuve desnudo, y me cubristeis; enfermo, y me visitasteis; en la cárcel, y vinisteis a mí. Entonces los justos le responderán diciendo: Señor, ¿cuándo te vimos hambriento, y te sustentamos, o sediento, y te dimos de beber? ¿Y cuándo te vimos forastero, y te recogimos, o desnudo, y te cubrimos? ¿O cuándo te vimos enfermo, o en la cárcel, y vinimos a ti? Y respondiendo el Rey, les dirá: De cierto os digo que en cuanto lo hicisteis a uno de estos mis hermanos más pequeños, a mí lo hicisteis. Entonces dirá también a los de la izquierda: Apartaos de mí, malditos, al fuego eterno preparado para el diablo y sus ángeles. Porque tuve hambre, y no me disteis de comer; tuve sed, y no me disteis de beber; fui forastero, y no me recogisteis; estuve desnudo, y no me cubristeis; enfermo, y en la cárcel, y no me visitasteis. Entonces también ellos le responderán diciendo: Señor, ¿cuándo te vimos hambriento, sediento, forastero, desnudo, enfermo, o en la cárcel, y no te servimos? Entonces les responderá diciendo: De cierto os digo que en cuanto no lo hicisteis a uno de estos más pequeños, tampoco a mí lo hicisteis. E irán éstos al castigo eterno, y los justos a la vida eterna.

Ciertamente, las obras son muy importantes en la vida del cristiano; pero es importante aclarar que un cristiano se ve comprometido a realizar obras porque en el momento en que recibió a Cristo su vida cambió, ahora es salvo y dentro de sí comienza un proceso de transformación. Se realizan obras y el creyente da frutos por su fe, porque ya es salvo es que realiza obras y no para obtener la salvación. Esto es algo que está en la naturaleza del creyente, automáticamente nace esto en la persona. En el momento que recibe la salvación todo esto comienza a desarrollarse en la vida del nuevo creyente. Esto es muy notable cuando estudiamos la historia de un personaje Bíblico llamado Zaqueo. El hizo este cambio en su vida, prácticamente fue algo instantáneo que nació en El.

Lucas 19:8-10
Entonces Zaqueo, puesto en pie, dijo al Señor: He aquí, Señor, la mitad de mis bienes doy a los pobres; y si en algo he defraudado a alguno, se lo devuelvo cuadruplicado. Jesús le dijo: Hoy ha venido la salvación a esta casa; por cuanto él también es hijo de Abraham. Porque el Hijo del Hombre vino a buscar y a salvar lo que se había perdido.

También esto ocurre cuando nos congregamos en una iglesia. Vamos a la iglesia porque ya somos salvos, queremos aprender de las cosas de Dios y recibir palabra de

Dios. Además de esto asistimos porque queremos ser parte de una comunidad cristiana. No vamos a la iglesia para ser salvos, ya lo somos y por eso nos congregamos. También nos gusta invitar personas a la iglesia para que escuchen la Palabra y reciban a Cristo en sus vidas y a su vez crean en el Señor Jesucristo y puedan obtener la Salvación. Provocando así que en el momento nazca en ellos la necesidad de seguir congregándose. Así que entendemos que las obras no nos salvan; pero son muy importantes. Para entender mejor este asunto te contaré una corta historia que ocurrió en un partido de béisbol hace algunos años.

Fue durante la fase de eliminatoria pos temporada que el equipo de béisbol estaba bateando al final de la novena entrada y estaban empatados ambos a 5 carreras. El primer bateador fue eliminado justo en el campo derecho, el segundo bateador ponchado. La última esperanza del equipo accedía al plato. Dejó ir el primer lanzamiento; bola uno. Dos bolas de fuera de zona y un lanzamiento fuera, el marcador estaba 2-2. En el quinto lanzamiento el bateador conectó y por el fuerte sonido se sabía que la bola llegaría lejos.

El jardinero central corrió hacia atrás con rapidez, confiando que la bola no se fuera sobre la verja. En el momento que el bateador alcanzaba segunda base, la bola chocó con el tope de la verja y cayó en el césped, de donde el jardinero centrar la tomó, examinando el campo interno y pensando de forma instantánea en la situación, la lanzó. A medida que el corredor pasaba por segunda, el dirigente de la tercera base medía las opciones de su hombre en base, y le dijo que se lanzara al plato. El torpedero atrapa la bola, gira rápidamente y la lanza al plato, justo cuando el corredor se deslizaba por debajo del guante del receptor. El árbitro levantó su puño sobre el plato gritando: "¡Estas eliminado!"

Los jugadores en las bancas se volvieron locos. En las gradas había un gran alboroto. Entre todo el abucheo y los aplausos, tan solo algunos espectadores vieron al árbitro del plato quitarse la máscara y caminar a la segunda base. Para el momento en que le hizo señales a los otros dos árbitros que viniesen a él, el público ya se había calmado; la mitad de ellos pavoridos y la otra mitad esperanzados de que el árbitro revocase su decisión después de conferir con los otros dos hombres vestidos de negro. Al final el árbitro habló. "El corredor esta eliminado", gritó, "no porque fuese tocado en el plato, sino porque no pisó la primera base". ¡Era verdad! El bateador no solamente había fallado en llegar antes que la bola al plato; había corrido tan rápido que no había tocado la primera base.

Puedes hacer muchas obras en tu vida. Puedes hacer muchas cosas buenas y nobles; pero a no ser que pises la primera base, no importará mucho. Sabemos que todos los juegos tienen reglas y hay que seguirlas, sino, corren el riesgo de ser eliminados. Dios también tiene reglas y se encuentran en su palabra. Por eso, es muy importante leer, estudiar y obedecer la Palabra de Dios. Un ejemplo de esto, como dijimos anteriormente, son las obras, estas no nos salvan, hacemos obras porque somos salvos. Si no seguimos la Palabra de Dios como Él manda corremos el riesgo de ser eliminados, como un jugador es eliminado. En este caminar no importan las buenas intenciones, lo que Dios quiere es obediencia, que sigamos su palabra.

Teniendo todo esto en consideración quisiera analizar una porción de las Escrituras que con el pasar de los años ha sido completamente sacada de contexto, creando así malas interpretaciones de la misma y provocando que se les den falsas esperanzas a grupos de creyentes. Leámoslo a continuación.

Hechos 16:30-31

y sacándolos, les dijo: Señores, ¿qué debo hacer para ser salvo? Ellos dijeron: Cree en el Señor Jesucristo, y serás salvo, tú y tu casa.

En los años que llevo en el evangelio he escuchado muchas veces esta frase: *"...Cree en el Señor Jesucristo, y serás salvo, tú y tu casa"*. He compartido en conferencias, predicaciones y Estudios Bíblico donde ha sido mencionada erróneamente. Ciertamente, esta frase en las últimas décadas se ha convertido en una promesa que es lanzada para todos los que creen en el Señor Jesucristo. Lamentablemente, por difícil que suene, no es cierto. La salvación es individual, no se hereda, no se obtiene por obras y mucho menos, nuestra familia no obtendrá la salvación porque nosotros somos cristianos y hemos decidido creer en el Señor Jesucristo y obtener de Él la salvación.

Es necesario que para que nuestra familia sea salva, tendrá que creer también y esto es precisamente lo que pasa en Hechos 16: 30-31. Es una promesa que el Apóstol Pablo lanza a un soldado que está a punto de quitarse la vida. Muchos han pensado que esto también fue como una soga con un salvavidas la cual es lanzada a una persona que se ahoga. Esto no significa que la familia iba a ser salva porque la cabeza del hogar creería y por medio de él todos automáticamente serían salvos. En otras palabras, lo que Pablo y Silas están diciendo es que la familia del soldado tendría la oportunidad, igual que él, de creer y ser salvos. También se ha pensado, por diferentes eruditos, que esto fue una promesa que realiza el Señor por medio de Pablo y Silas a este soldado. Esta promesa se cumple casi inmediatamente, ya que posteriormente vemos en el texto que toda la familia creyó y fue bautizada.

Realmente pienso que esta frase no debe ser usada de una manera genérica para toda una congregación o para todos los creyentes. Ciertamente, fue una promesa individual y cumplida inmediatamente. No debemos estar ofreciendo falsas esperanzas a los creyentes debido a que la salvación no se obtiene así. Sin embargo, el tesoro escondido en este texto es que Dios en este tiempo puede volver a hacer esta promesa a usted o a cualquier creyente; pero de igual forma, es necesario que la familia crea para ser salva. Usted puede aferrarse a esta promesa que fue hecha a un soldado y pedirle a Dios que de igual forma su familia tenga la oportunidad de ser salva. También sería muy bueno y necesario que primero usted dé el ejemplo a su familia y el testimonio de que ahora Cristo vive en usted y que es una nueva criatura. Este cambio en usted puede provocar que en sus familiares nazca la curiosidad de buscar y tener lo que usted tiene. Esto es algo parecido a lo que el Apóstol Pablo nos habla en 1 Corintios 7:16; pero aquí especifica más en la relación de pareja dentro del matrimonio, que uno de los cónyuges cree y el otro no.

1 Corintios 7:16
Porque ¿qué sabes tú, oh mujer, si quizá harás salvo a tu marido? ¿O qué sabes tú, oh marido, si quizá harás salva a tu mujer?

He conocido a muchas madres cristianas que sus hijos se han descarriado del camino provocando en ellas que doblen rodilla en oración por sus hijos. Muchas de estas madres se aferran a la misma promesa hecha al soldado romano. Dios en su infinita misericordia ha rescatado a sus hijos de las manos de satanás. Sin embargo, lamentablemente, en muchos de los casos que he visto Dios los ha rescatado; pero minutos antes de morir. Dando así la seguridad a esta madre de que su hijo (a) murió; pero está en los brazos del Señor. Simplemente lo que aquí ocurre es que Dios en su misericordia mueve las fichas para que este hijo (a) tenga la oportunidad de creer y ser salvo.

Todo esto lo hace Dios por amor y por el clamor de esa madre o ese padre que están de rodillas en oración.   Es muy importante que entendamos el verdadero tesoro escondido que hay en esta porción de la Escritura.   Pues no debemos dar falsas esperanzas a los creyentes.   Dios no está obligado a salvar los hijos, tíos, hermanos, padres o alguien de su familia que no creen en Él, en ocasiones ni le interesa buscar de Él y andan tras la maldad.   Usted puede aferrarse a esta promesa sin obtener ningún resultado, pues el secreto no está en la promesa hecha a un soldado.   El secreto está en aferrarse a la oración que es la que puede romper las cadenas que atan a sus familiares.   A través de la oración Dios puede moverse a misericordia y el Espíritu Santo convencer de pecado a sus familiares y hacerles saber que solo en Cristo hay salvación.   Aunque en muchos casos ocurra su salvación segundos antes de morir.   He aquí el tesoro escondido para usted, aférrese a la oración para que Dios haga el milagro y no a la promesa que fue dirigida al soldado.

Tesoro # 12

Sin atractivo para que no le deseemos

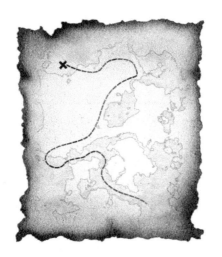

Isaías 53:2
Subirá cual renuevo delante de él, y como raíz de tierra seca;
no hay parecer en él, ni hermosura; le veremos, mas sin
atractivo para que le deseemos

¿Qué es la belleza? Cuando una persona tiene un aspecto agradable y deseable existen muchos adjetivos que podrían ser mencionados, por ejemplo: hermosa(o), atractiva(o), bella(o), de buen parecer, entre otros. Aunque no queramos admitirlo, muchas veces miramos o buscamos belleza física en las personas.

En una ocasión un joven, que era un poco tímido, cuando estaba en la escuela secundaria tenía miedo de invitar a las chicas para salir a una cita. Así que su amigo se acercó a él un día y le dijo: "Te he conseguido una buena cita para el sábado en la noche. Ya está todo listo". "¿Quién es?" le preguntó el joven. Resultó ser su prima Doris. "¡Oh no!" dijo el joven "no voy a una cita a ciegas". "Oye no te preocupes de ella", dijo el amigo. "Doris es una chica excelente". "Y créeme, ella es muy bonita; pero si no me crees, te puedo decir una forma para que te libres de la cita si no te agrada su apariencia. Esto es lo que yo hago: Voy a la puerta de la chica para recogerla y cuando abre la puerta, la inspecciono. Si me gusta lo que veo, entonces bien, estamos listos. Si es fea, finjo un ataque de asma. Hago ¡Aaahhhhgggg! (te echas la mano al cuello como si tuvieras problemas para respirar). Entonces la chica pregunta: "¿Qué pasa?" y yo digo, es mi asma. Así que tenemos que cancelar la cita. Así nada más, sin problemas". "Pues, no se…está bien, parece bastante fácil, lo haré", respondió.

Así que fue a recoger a Doris. Llamó a la puerta, y ella vino a la puerta principal. El joven le echó una mirada a la chica y para su sorpresa, su amigo tenía razón, ¡era hermosa! Se quedó allí parado sin saber exactamente qué decir. Ella le echó una mirada al joven y dijo: "¡Aaahhhggggg!".

Como dije anteriormente, muchas veces buscamos un atractivo físico en las personas. Sin embargo, lo más importante es la belleza interna. El ser humano hace muchas cosas para ser físicamente atractivo. En ocasiones, hasta podríamos decir que vamos en contra de lo que Dios quiere por obsesionarnos con la belleza exterior. Sabemos que todo lo que Dios hace lo hace hermoso y no debemos querer cambiar lo que él ha hecho. Muchas personas se hacen operaciones de la nariz, cirugías plásticas, se inyectan sustancias, todo para ser hermosos (a), lucir atractivos (a), deseables. Dios quiere que nosotros dejemos que el hermosee nuestro rostro con su presencia.

Algunas personas nacen con una belleza natural, especial, si se pudiera decir. La Biblia menciona varios casos de personas que eran atractivas. Si analizamos al joven David sabemos que la Biblia nos dice que era un joven de aspecto muy hermoso.

1 Samuel 16:18

Entonces uno de los criados respondió diciendo: He aquí yo he visto a un hijo de Isaí de Belén, que sabe tocar, y es valiente y vigoroso y hombre de guerra, prudente en sus palabras, y hermoso, y Jehová esta con él.

En el caso del rey David esta es la información que la Biblia nos habla; pero en el caso de Jesús, ¿Habría sido igual?, ¿Era Jesús hermoso? Este ha sido un tema debatido por años. También yo he tomado de mi tiempo para analizar el mismo y llegar a mis conclusiones. Precisamente, esto es lo que estudiaremos a continuación en este capítulo. Hablemos un poco de la vida de Jesús.

Si fuésemos a estudiar la vida de los hombres que en algún momento han marcado la historia de este mundo. Ciertamente, de todos ellos, el más humilde ha sido Jesús de Nazaret. El amor de Jesús hacia nosotros no solamente se ve en su agonía en la cruz del calvario. Sino también lo podemos ver en el principio, cuando toma la decisión de no aferrarse a ser igual a su padre. Jesús se despojó de toda comodidad, he inclusive de toda deidad para tomar forma humana y humillarse a sí mismo hasta la muerte. Esto se explica mejor en Filipenses.

Filipenses 2:5-8.
Haya, pues, en vosotros este sentir que hubo también en Cristo Jesús, el cual, siendo en forma de Dios, no estimó el ser igual a Dios como cosa a que aferrarse, sino que se despojó a sí mismo, tomando forma de siervo, hecho semejante a los hombres; y estando en la condición de hombre, se humilló a sí mismo, haciéndose obediente hasta la muerte, y muerte de cruz.

Cuando podemos entender la profundidad de lo que se expresa en Filipenses 2:5-8 y podemos estudiar la vida humilde de Jesús en la tierra. Podremos concluir diciendo que realmente no ha habido un hombre que pasara por esta tierra y que nos amara tanto como Jesús de Nazaret.

He querido compartir este tema: Sin atractivo, para que no le deseemos, en este libro, porque con el pasar de los años ha estado cobrando fuerza el tema sobre El Código de Da Vinci. De este tema no quisiera ocupar muchas líneas en mi libro; pero usted debe saber en un resumen que lo que El Código de Da Vinci trata de hacer es comprobar que Jesús se casó con María Magdalena y tuvieron hijos. Algo que ciertamente, nunca pasó, no existe evidencia de tal mentira y no pasa por el filtro de la palabra. Las personas que se han dedicado a estudiar el tema de El código de Da Vinci utilizan erróneamente y sacado completamente fuera de contexto la segunda carta del Apóstol Juan donde dice:

2 Juan 1:2
El anciano a la señora elegida y a sus hijos, a quienes yo amo en la verdad; y no sólo yo, sino también todos los que han conocido la verdad, a causa de la verdad que permanece en nosotros, y estará para siempre con nosotros:

Esta carta completa, por muchos años ha sido tergiversada para confundir a las personas de los hechos que son ciertísimos de la vida de nuestro Señor Jesucristo. Por motivos de espacio no colocaré toda la carta del Apóstol Juan; pero les invito a leer la misma, es corta, consta de trece versículos. Existen dos interpretaciones sobre esta carta de Juan. La primera, es que Juan aquí hace una metáfora y la señora es la Iglesia y los hijos de la señora se refieren a los miembros de la congregación. Esta interpretación es la que utiliza la Biblia de la Nueva Versión Internacional, leamos la misma a continuación.

2 Juan 1-2 Nueva Versión Internacional
El anciano, a la iglesia elegida y a sus miembros a quienes amo en la verdad —y no solo yo, sino todos los que han conocido la verdad—, a causa de esa verdad que permanece en nosotros y que estará con nosotros para siempre:

Algo parecido también podemos ver en Efesios 5:25-27; pero aquí es una relación más de Cristo y la Iglesia. Como el esposo y la novia. La segunda interpretación, que se le da a esta carta y que posiblemente sea la más acertada. Es que el Apóstol Juan escribe a una señora y sus hijos donde en su hogar daban hospedaje a siervos de Dios. Como en la época se estaban introduciendo a la iglesia maestros Gnóstico. El Apóstol Juan escribe a esta familia para que discernieran a quien daban hospedaje. Lo que Juan quería que entendieran era que al abrir las puertas de su hogar y recibir a uno de estos misioneros podrían estar contribuyendo involuntariamente a la propagación de herejías y no al evangelio verdadero.

Sin embargo, las personas que comparten el pensamiento de El Código de Da Vinci afirman que esto es una de las evidencias necesarias para inclinarse a pensar que Jesús tuvo una relación de pareja. Ellos recalcan que Juan aquí se está dirigiendo a María Magdalena y los hijos que había contraído con Jesús.   Con este engaño han podido envolver a muchos; pero nosotros ciertamente sabemos, por las Escrituras, que esto es una estrategia del enemigo para enredar a muchos.

En las últimas décadas hay cosas muy buenas que han entrado en la iglesia o que han sido adoptadas por la congregación.   Sin embargo, hay muchas otras que han entrado a las iglesias y no edifican en nada.   Otras provocan que olvidemos cosas fundamentales de la Palabra de Dios. Por consecuencia, las nuevas generaciones han perdido la esencia de la interpretación de muchos textos Bíblicos, perdiendo el tesoro que tiene para nuestras vidas.   Una de esas cosas que con el pasar de los años hemos perdido es el verdadero significado de Isaías 53:2, o algunos nunca entendieron lo que dice.

Isaías 53:2

Subirá cual renuevo delante de él, y como raíz de tierra seca; no hay parecer en él, ni hermosura; le veremos, mas sin atractivo para que le deseemos.

Al día de hoy, he podido escuchar a muchas personas decir que Jesús era un hombre de hermoso aspecto, inclusive, algunos dicen que Él era rubio.   Después que Jesús resucita tiene un cuerpo glorificado y es diferente. Ahora trabajaremos el tema de Jesús antes de resucitar y tener su cuerpo glorificado.   Bíblicamente, Jesús no era un hombre elegante y mucho menos apuesto. Ninguna mujer podía sentir atracción física o deseo hacia Él.   En la Nueva

Versión Internacional lo explica con un lenguaje actual y más fácil de entender.

Isaías 53:2 (Nueva Versión Internacional)
Creció en su presencia como vástago tierno, como raíz de tierra seca.
No había en él belleza ni majestad alguna; su aspecto no era atractivo y nada en su apariencia lo hacía deseable.

Sin embargo, después de esto, cuando Jesús resucita tenía un cuerpo diferente, era uno glorificado. Cuando Jesús ya había resucitado, y al tener un cuerpo glorificado, la Biblia nos dice que se encontró con algunos hermanos, incluyendo a mujeres. Jesús no fue reconocido al instante por ellos. Él fue confundido por otra persona, al tener un cuerpo diferente, su aspecto no fue reconocido. Es precisamente aquí, donde pudiéramos decir que tiene cumplimiento el Salmo 45:2.

Salmo 45:2
Eres el más hermoso de los hijos de los hombres; La gracia se derramó en tus labios; Por tanto, Dios te ha bendecido para siempre.

Este Salmo se consideró mesiánico luego del exilio y se le aplica al Mesías el hijo de David prometido. Sin embargo, antes del exilio se utilizaba como un cántico en la boda del Rey o de un miembro de la dinastía. Con esto no quiero decir que ahora Jesús con su nuevo cuerpo provocase deseo, sino que aquel cuerpo con el cual estuvo 33 años, el cual fue mutilado y maltratado en el calvario, ya no lo tenía. Su cuerpo era uno glorificado; pero aún se podían apreciar algunas heridas de la cruz.

Jesús podía provocar en las personas muchas cosas como por ejemplo: confianza, fe, arrepentimiento, amor, esperanza y hasta misericordia; pero jamás provocaría en una mujer deseo físico hacia Él. Esto es lo que Isaías 53:2 trata de explicarnos y también, al entender esto vemos el tesoro escondido en esta porción. Quisiera compartir este texto; pero de otra versión, La Nueva Traducción Viviente, la cual nos habla en un lenguaje actual. Con un lenguaje más sencillo es un poco más fácil de comprender al momento de interpretar los textos bíblicos.

Isaías 53:2 Nueva Traducción Viviente
Mi siervo creció en la presencia del Señor como un tierno brote verde;
como raíz en tierra seca. No había nada hermoso ni majestuoso en su
aspecto, nada que nos atrajera hacia Él.

Entendiendo esto, pudiéramos concluir y decir que aquí hay una prueba más, Bíblicamente, para desmentir El Código de Da Vinci. Simplemente, comprender que en Jesús no había belleza física alguna, hasta después de resucitar. Sin atractivo, para que no le deseemos.

Tesoro 13

Yo los escogí a ustedes y no ustedes a mí

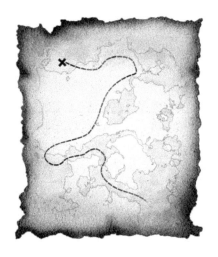

Juan 15:16

No me elegisteis vosotros a mí, sino que yo os elegí a vosotros, y os he puesto para que vayáis y llevéis fruto, y vuestro fruto permanezca; para que todo lo que pidiereis al Padre en mí nombre, Él os lo dé.

¿Alguna vez te eligieron para hacer algo que considerabas importante?, ¿Cómo te sentiste al ser elegido? Recuerdo que cuando era niño y asistía a la escuela elemental (primaria), una de mis clases favoritas era Educación Física. En esta clase se practicaban muchos deportes. Nunca fui un buen deportista; pero me gustaba esa clase porque era un tiempo divertido para jugar y salir del salón de clases. Uno de los deportes que más se practicaba en aquel tiempo y ahora en las Escuelas de Puerto Rico, es el baloncesto. Cuando todos los niños de la clase llegábamos a la cancha para jugar, comenzaba la selección de los equipos. Los dos mejores jugadores de la clase, por lo regular, con el maestro, lanzaban una moneda y el que ganara era el primero en comenzar a seleccionar jugadores para su equipo. Él seleccionaba solo uno y luego le tocaba el turno al otro estudiante y este también seleccionaba solo uno y así continuaban seleccionando uno a uno hasta formar los dos equipos. Por lo general, yo era uno de los últimos en ser seleccionados; pero era escogido. La sensación de ser escogido era algo muy satisfactorio, aunque muchas veces fuera el último. Lo más importante era ser parte de uno de los equipos y jugar.

Ser elegidos para una tarea es una responsabilidad muy grande. No importa el lugar donde estemos, podría ser en una escuela, o en el trabajo, incluso en la iglesia. Siempre que seamos elegidos para cualquier tarea, automáticamente vendrá junto con ella una responsabilidad para nosotros. Algo muy importante en el momento en el que somos escogidos para cualquier tarea es nuestra aceptación y compromiso hacia la misma.   He tenido la oportunidad de conocer a personas llenas de habilidades y talentos; pero con muy poco compromiso a la hora de ser escogidos para una tarea.   El compromiso que tengamos en nuestra nueva responsabilidad que se nos es dada, determinará el éxito de la misma.

¡Qué maravilloso es saber que Dios también nos ha escogido a nosotros!   En una ocasión un grupo de estudiantes de escuela secundaria de California había pasado tres meses preparándose y planificando para ir a México durante el descanso de primavera, para ir a ayudar a los pobres.   Ellos habían orado para que Dios los utilizara de una forma grandiosa.   Anticipando una emocionante semana de ministerio, los jóvenes viajaron a una pequeña iglesia cercana a Mexicali.   A su llegada al pequeño poblado rural, el domingo por la mañana, los estudiantes pudieron notar que la pequeña iglesia en la que iban a servir había sufrido un horrible incendio.   El techo había cedido y solamente las cuatro paredes permanecían.   Con precaución, los estudiantes se adentraron a lo poco que quedaba del edificio mientras oían la melodía de un himno en español.   Fueron saludados por la mirada cansada, descorazonada de un pastor mexicano y nueve miembros de la congregación, que estaban en medio de su culto dominical matinal.   Era evidente que la congregación nunca recibió las cartas del grupo explicando sus planes de servir y no tenían idea de que el grupo vendría a quedarse una semana con ellos. Al culminar el himno, el pastor detuvo el culto, camino hacia donde estaba el grupo de estudiantes y dijo: "¿Qué pasa?" (Lo que el grupo interpretó como: "¿Qué rayos están haciendo ustedes niños blanquitos y ricos en nuestra iglesia?" Tras un largo silencio, uno de los estudiantes dijo: "Somos cristianos, y estamos aquí para servir". Al escuchar esto los ojos del pastor se llenaron de lágrimas. "Unas personas del poblado quemaron nuestra iglesia hace seis meses", explicó. "Hemos estado orando para que Dios envié ayuda; pero habíamos perdido toda esperanza de que la ayuda viniese. ¡Alabado sea Dios!" Los treinta y cinco estudiantes de escuela secundaria se quedaron atónitos en silencio. Habían escuchado muchas veces que Dios quería utilizarlos; ahora lo estaban experimentando por primera vez. Sorprendido, uno de los estudiantes se volvió hacia otro y dijo: "No me lo puedo creer. ¡Somos la respuesta a una oración!" Dios nos escogió para ser parte del equipo que gana almas para su reino y da frutos. Un equipo victorioso llamado por Dios a ser luz en medio de las tinieblas. Un equipo que no mira atrás, sino al frente, al blanco de la soberana vocación.

Juan 15:16

No me elegisteis vosotros a mí, sino que yo os elegí a vosotros, y os he puesto para que vayáis y llevéis fruto, y vuestro fruto permanezca; para que todo lo que pidiereis al Padre en mi nombre, Él os lo dé.

En esta ocasión quisiera profundizar en este texto, ya que con el pasar de los años esta porción Bíblica ha sido interpretada erróneamente para crear una doctrina falsa.

Donde los que la predican creen que Dios escogió a un pequeño grupo para ser salvo y lo escogió desde antes de la fundación del mundo. Por supuesto que los que creen en tal doctrina utilizan también el libro de Efesios.

Efesios 1:4-5
Según nos escogió en Él antes de la fundación del mundo, para que fuésemos santos y sin mancha delante de Él, en amor habiéndonos predestinado para ser adoptados hijos suyos por medio de Jesucristo, según el puro afecto de su voluntad.

Usando este texto algunas personas han llegado a la conclusión de que Dios predestinó a un grupo de personas desde antes de la fundación del mundo para que gozaran de su salvación. Por su puesto que este tipo de doctrina no pasa el filtro de la palabra. Cuando sacamos tiempo para estudiar las escrituras, nos damos cuenta que no tiene veracidad esta doctrina. Pensemos por un momento en uno de los textos de la Biblia más predicados.

Juan 3:16-18
Porque de tal manera amó Dios al mundo, que ha dado a su Hijo unigénito, para que todo aquel que en Él cree, no se pierda, mas tenga vida eterna. Porque no envió Dios a su Hijo al mundo para condenar al mundo, sino para que el mundo sea salvo por Él. El que en Él cree no es condenado; pero el que no cree ya ha sido condenado, porque no ha creído en el nombre del unigénito Hijo de Dios.

Aquí la Biblia es muy clara, Jesús murió por todo el mundo y no por un pequeño grupo ya escogido de antemano. Todos tenemos la oportunidad de ser salvos y pertenecer a este grupo del cual habla Efesios 1:4. Todos tenemos algo que se llama libre albedrío. Tenemos que decidir creer o no creer. Si creemos nos cubre esta bendición de la salvación por medio de Jesucristo y si no creemos, ya el solo hecho de rechazar al Hijo de Dios y no creer en Él, nos condena. Dios siempre ha querido que sus criaturas procedan al arrepentimiento, esto se explica mejor en segunda de Pedro.

2 Pedro 3:9

El Señor no retarda su promesa, según algunos la tienen por tardanza, sino que es paciente para con nosotros, no queriendo que ninguno perezca, sino que todos procedan al arrepentimiento.

Aquí también podemos ver que Dios quiere que *todos* procedan al arrepentimiento y que ninguno perezca. Muchas veces me llegan cartas de Instituciones Bancarias a mi buzón, las mismas dicen que he sido pre-cualificado para obtener un préstamo de dinero de una cantidad determinada de esa Institución. Esto no quiere decir que ya tengo el dinero del préstamo esperando por mí para que lo recoja, sino que puedo llamar y aplicar para obtenerlo. Si cualifico se aprobará el préstamos de dinero. Así mismo, también somos predestinados desde antes de la fundación del mundo, para ser salvos; pero está en el libre albedrío de cada persona creer en Jesucristo para obtener esa salvación. Jesús no murió en una cruz y resucitó por unos pocos, sino por todos el mundo y todos tenemos la oportunidad y la decisión de aceptarlo o no.

Cuando leemos Juan 15:16 y vemos que ha sido Jesús el que nos eligió y no nosotros a Él, debemos profundizar y comprender exactamente qué Jesús está hablando en esta porción de la Escritura. Para esto se requiere comprender un poco la cultura judía en los tiempos de Jesús. De esta manera encontraremos el Tesoro Escondido en esta porción de las Escrituras que Dios tiene para nosotros.

En primer lugar, debemos entender que en el tiempo de Jesús, cuando un niño judío llegaba a la edad de seis años se le enseñaba La Torah. Los niños de esa edad estudiaban y aprendían el Pentatéuco, los primeros cinco libros de la Biblia. Lo estudiaban hasta tal punto que memorizaban muchas porciones entre Génesis a Deuteronomio. También estas porciones de la Escritura las recitaban en la sinagoga. Este periodo de tiempo, en el niño, podría durar hasta aproximadamente casi los doce años. Este tiempo era conocido o se le llamaba *Beit Torah o Beit Sefer*. Luego de esto y aproximadamente a los doce años los niños que sobre salían en sus clases, debían tomar una decisión junto con sus padres. Ellos tenían dos opciones: continuar estudiando en la sinagoga o dedicarse a estudiar el oficio de sus padres. Los niños más pobres, aunque sobresalieran en sus clases, muchas veces no tenían más opción y debían dedicarse a estudiar el oficio del padre para poder traer provisiones al hogar. Aun así, siempre había un grupo de niños que continuaba estudiando y por lo regular ellos eran los mejores de su clase. Estos niños estudiarían los otros libros que quedaban, de Josué a Malaquías. Este periodo de tiempo era conocido como *el Beit Talmud o Bar Mitzvah* y tenía una duración de aproximadamente cuatro años. Después de esto, con una edad aproximada de dieciséis años, la mayoría de los jovencitos irían a estudiar el oficio de sus padres. Sin embargo, un pequeño grupo de jovencitos, conocidos como lo mejor de lo mejor, continuarían estudiando. Ellos tenían que escoger a un maestro, un rabino, para hacerle una pregunta: ¿Puedo ser tu discípulo? Los jovencitos escogían del grupo de rabinos que existían en la zona y le hacían la pregunta. Luego, el maestro decidía si lo aceptaba o no. Cuando el maestro lo aceptaba, el jovencito se convertiría en su discípulo. Él se despedía de su familia y abandonaba todo para convertirse en el discípulo de aquel rabino. La meta del joven era ser como su maestro. El periodo de tiempo que este joven estaría con el maestro, sería de dos a cuatro años. No olvidemos que siempre era el joven quien escogía a su maestro. Ahora, teniendo todo esto en consideración, analicemos una vez más la porción de Juan.

Juan 15:16

No me elegisteis vosotros a mí, sino que yo os elegí a vosotros, y os he puesto para que vayáis y llevéis fruto, y vuestro fruto permanezca; para que todo lo que pidiereis al Padre en mi nombre, Él os lo dé.

¿Qué Jesús está diciendo aquí? Jesús les está hablando a sus discípulos y diciéndoles: yo fui quien los escogió. En otras palabras, Jesús les está diciendo: ustedes no fueron lo mejor de lo mejor, ustedes estudiaron el oficio de sus padres, ustedes no me escogieron como su maestro, fui yo el que los escogió a ustedes como mis discípulos. Algo Jesús había visto en los discípulos por lo cual les había dicho síganme. Por ejemplo, esto lo podemos ver en Mateo cuatro.

Mateo 4:18-20

Andando Jesús junto al mar de Galilea, vio a dos hermanos, Simón, llamado Pedro, y Andrés su hermano, que echaban la red al mar; porque eran pescadores. Y le dijo: venid en pos de mí, y os haré pescadores de hombres. Ellos entonces, dejando al instante las redes, le siguieron.

Lo que Jesús vio en ellos fue un potencial impresionante para continuar la obra que Él estaba comenzando y este potencial lo podemos ver cuando estudiamos el libro de los Hechos. Estoy convencido de que Dios también nos ha escogido a nosotros para trabajar en su obra. Aunque Dios nos ha escogido también a nosotros, hay algo importante que debemos saber y lo explicaré con una ilustración.

Un rey recibió como obsequio, dos pequeños halcones y los entregó al maestro de cetrería para que los entrenara. Pasando unos meses, el maestro le informó al rey que uno de los halcones estaba perfectamente; pero que al otro no sabía que le sucedía, no se había movido de la rama donde lo dejó desde el día que llegó. Encargó entonces la misión a miembros de la corte; pero nada sucedió. Al día siguiente, por la ventana, el monarca pudo observar que el ave aún continuaba inmóvil. Entonces decidió comunicar a su pueblo que ofrecería una recompensa a la persona que hiciera volar al halcón, a la mañana siguiente, vio al halcón volando ágilmente por los jardines. El rey le dijo a su corte, traedme al autor de ese milagro. Su corte rápidamente le presentó a un campesino. El rey le preguntó; "¿Tú hiciste volar al halcón?, ¿Cómo lo hiciste?, ¿Eres mago?"- Intimidado el campesino le dijo al rey: "Fue fácil mi rey, solo corte la rama, y el halcón voló, se dio cuenta que tenía alas y se lanzó a volar".

¿Sabes que tienes alas?, ¿Sabes que puedes volar?, ¿A qué te estas agarrando?, ¿De qué no te puedes soltar?, ¿Que estás esperando para volar? No puedes descubrir nuevos mares a menos que tengas el coraje para volar. Vivimos dentro de una zona de comodidad, donde nos movemos y creemos que eso es lo único que existe. Dentro de esa zona, esta todo lo que sabemos y todo lo que creemos. Viven nuestros valores, nuestros miedos y nuestras limitaciones. En esa zona reina nuestro pasado y nuestra historia. Todo lo conocido, cotidiano y fácil. Es nuestra zona de comodidad y por lo general creemos que es nuestro único lugar y modo de vivir. Tenemos sueños, queremos resultados, buscamos oportunidades; pero no siempre estamos dispuestos a correr riesgos, no siempre estamos dispuestos a transitar caminos difíciles. Nos conformamos con lo que tenemos, creemos que es lo único y posible, y aprendemos a vivir desde la resignación. Sin embargo, Dios nos escogió para algo poderoso y posiblemente ha visto algo en nosotros que nosotros mismos aún no hemos podido ver; pero ya Dios lo vio. ¡Él nos eligió, adelante no te rindas! He aquí otro tesoro escondido.

Tesoro 14

Jesús se les pierde a María y a José

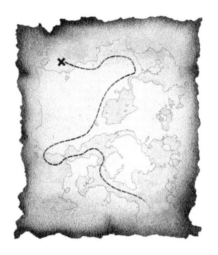

Lucas 2: 43-47

Al regresar ellos, acabada la fiesta, se quedó el niño Jesús en Jerusalén, sin que lo supiesen José y su madre. Y pensando que estaba entre la compañía, anduvieron camino de un día; y le buscaban entre los parientes y los conocidos; pero como no le hallaron, volvieron a Jerusalén buscándole. Y aconteció que tres días después le hallaron en el templo, sentado en medio de los doctores de la ley, oyéndoles y preguntándoles. Y todos los que le oían, se maravillaban de su inteligencia y de sus respuestas.

Una de las cosas más maravillosas de la vida es convertirse en padre. En el 2007, con apenas dos años de casados, Dios nos permitió a mi esposa y a mí convertirnos en padres de una niña hermosa llamada Kristal Aliz. Desde ese día hasta hoy hemos velado de su cuidado, educación, espiritualidad y sobre todo brindarle el amor y el tiempo que necesita para ser una niña saludable. El solo hecho de ver las noticias en las redes sociales, en la televisión y en los periódicos, como narran eventos que les han acontecido a niños, me obliga a reforzar más mi cuidado hacia mi niña. Cuantos padres han tenido la mala y triste experiencia de estar en alguna tienda y distraerse varios segundos y como resultado alguno de sus hijos ha desaparecido. Ciertamente, en los tiempos que vivimos es una bendición ser padre; pero también es una responsabilidad muy grande.

Cuando estudiamos las Escrituras nos damos cuenta de que existe un caso parecido y nos referimos nada más y nada menos que a Jesús. Este acontecimiento, al cual me refiero, le ocurrió a la edad de doce años. Cuando es olvidado en Jerusalén por sus padres José y María. Al leer este evento en la Biblia me hace pensar en varias preguntas. ¿Cómo es posible que María y José olvidaran a Jesús?, ¿Por qué tardaron tanto en darse cuenta de que Jesús no estaba a su lado?, ¿Por qué Dios permitió esto?, ¿Cuál es el tesoro escondido en esta historia? A continuación, descubriremos las respuestas a todas estas preguntas y encontraremos el tesoro escondido en esta historia Bíblica. Como cualquier búsqueda de tesoros es necesario excavar un poco para descubrir y encontrar el tesoro, así que escudriñemos el texto y veamos el mensaje que Dios tiene para nosotros en esta historia de las Escrituras.

En los Evangelios se nos habla muy poco de la niñez de Jesús y solo el Evangelio de Lucas toca este acontecimiento, donde María y José pierden a Jesús. Analicemos esta porción Bíblica desde el principio.

Lucas 2:41 y 42
Iban sus padres todos los años a Jerusalén en la fiesta de la Pascua; y cuando tuvo doce años, subieron a Jerusalén conforme a la costumbre de la fiesta.

Lucas nos dice varias cosas muy importantes en estos dos versículos. En primer lugar, era costumbre de la familia subir a Jerusalén para la fiesta de la pascua; pero en esta ocasión era diferente y Lucas nos revela porque. Jesús ya tenía sus doce años de edad. El hecho de que Lucas nos de este detalle, posiblemente, nos quiere decir que Jesús ese año de la fiesta fuera iniciado en su Beit Talmud o Bar Mitzvah (el significado de esto fue descrito en el capítulo anterior: "Yo los escogí a ustedes y no ustedes a mí"). ¡Qué mejor forma de iniciarlo, sino en Jerusalén y en la fiesta de la pascua! Aunque es muy posible que por causa de la economía en la familia de Jesús él no pudiese terminar estos estudios y como sabemos se dedicara en aquel tiempo a estudiar el oficio de su padre, carpintería. Esto por el motivo de traer más dinero a la casa. También, sabemos que María y José tuvieron más hijos y eran muy pobres. Es posible que Jesús al ser el hijo mayor tuviese que ayudar a José con el trabajo, para poder sacar a la familia adelante. Continuemos leyendo para ver que más nos dice Lucas.

Lucas 2: 43-45

Al regresar ellos, acabada la fiesta, se quedó el niño Jesús en Jerusalén, sin que lo supiesen José y su madre. Y pensando que estaba entre la compañía, anduvieron camino de un día; y le buscaban entre los parientes y los conocidos; pero como no le hallaron, volvieron a Jerusalén buscándole.

Lucas nos dice que ya la fiesta había terminado y que María y José habían emprendido el viaje de regreso, junto con la caravana de amigos y familiares. En aquel tiempo se acostumbraba a viajar de esta forma, en caravanas, pues el camino de viaje era muy largo y en esas rutas podían aparecer ladrones. Una caravana normal en aquellos tiempos constaba de amigos, familiares y vecinos que se unían y se organizaban para salir juntos en el largo viaje. Por lo regular, los hombres iban al frente y las mujeres y niños atrás. Estas caravanas constaban de un gran grupo, posiblemente alrededor de cien personas o más, entre ellos mujeres, niños y hombres.

Lucas también nos dice que cuando salieron de Jerusalén Jesús se quedó allá y María y José no se percataron de esto. Por alguna razón que desconocemos; pero que puede ser atribuida a los afanes, María y José olvidan a Jesús. Ambos posiblemente pensaron que Jesús estaba entre el grupo de viajeros. Inmediatamente nuestro primer pensamiento podría ser que María y José fueron un poco irresponsable al respecto, por no verificar si Jesús realmente estaba entre las personas que iban en la caravana. Sin embargo, no fue así, hay una simple explicación a esto. Recordemos que cuando estos eventos ocurren Lucas nos dice que Jesús tenía una edad de doce años. En aquellos tiempos en la cultura judía, en el momento de viajar en caravanas, se acostumbraba que un niño de aproximadamente la edad que tenía Jesús, doce años, se uniera al frente con todos los hombres que defendían a todas las mujeres y niños que iban en la caravana. Sin embargo, también a esa edad los niños de doce años podían viajar atrás con sus madres y los demás niños. Pues era una cuestión de madurez. A esa edad se le daba a escoger al niño donde quería ir.

Si se sentía un hombrecito viajaría al frente con los hombres protegiendo la caravana. Si todavía se sentía como un niño o no era lo suficientemente maduro, viajaría atrás con las mujeres y los demás niños. ¿Qué sucedió en el caso de María, José y Jesús en esta historia? Lo más probable es que no hubo una buena comunicación, María pensó que Jesús estaría con José y los hombres al frente y José pensó que Jesús estaría con María y los otros niños atrás. Aunque, también pudiéramos pensar en otra teoría y es que posiblemente ambos pensaron que Jesús estaba entre el grupo de niños viajeros. Los niños que viajaban también se divertían por el camino, ya que se conocían entre sí, pues todos eran de la misma comunidad. Entre ellos existía una relación de amigos y familia. Cuando ambos se percatan de que Jesús no está, ya era un poco tarde y habían caminado aproximadamente un día de viaje. Ahora María y José deciden regresar a Jerusalén a buscar a Jesús. Solo imaginemos la angustia y el temor que se tuvo que haber apoderado de ellos. Sigamos leyendo que más nos dice Lucas.

Lucas 2: 46-49

Y aconteció que tres días después le hallaron en el templo, sentado en medio de los doctores de la ley, oyéndoles y preguntándoles. Y todos los que le oían, se maravillaban de su inteligencia y de sus respuestas. Cuando le vieron, se sorprendieron y le dijo su madre: Hijo, ¿por qué nos has hecho así? He aquí, tu padre y yo te hemos buscado con angustia. Entonces él les dijo: ¿Por qué me buscabais? ¿No sabíais que en los negocios de mi Padre me es necesario estar?

Ahora Lucas nos dice que habían pasado tres días cuando le hallaron. Recordemos que fue un día de viaje, un día de regreso y un día buscándole por toda Jerusalén. Cuando lo encuentran en el templo, Jesús había asumido la postura de un estudiante sumiso. Lucas nos da un detalle bastante interesante, nos dice que Jesús estaba sentado en el medio y alrededor de Él se encontraba el grupo de maestros y doctores de la ley. Todos estaban maravillados con la inteligencia de Jesús. Luego vemos las palabras de María hacia Jesús: *¿Por qué nos has hecho así?* Seguramente en un tono de reprimenda, pues recordemos que habían pasado tres días sin saber nada de Jesús. Sin embargo, Jesús hizo lo que cualquier niño inteligente haría en caso de ser olvidado por sus padres. Jesús buscó un lugar público, seguro y con personas adultas de confianza, para esperar ser encontrado por sus padres. Jesús le contesta con otra pregunta: *¿Porque me buscabais? No sabíais que estoy en los negocios de mi Padre.* O una traducción más correcta y aceptada sería: Estoy en la casa de mi Padre.

En una ocasión Jim Davis, un dependiente de una tienda de comestibles que amaba su trabajo estaba orgulloso de la buena labor que hacía.   Una de las cosas que más le fastidiaba era ver a niños pequeños descontrolados y padres que gritaban a sus hijos; pero no hacían nada para corregir el insoportable comportamiento de estos.

Una noche, Jim le estaba cobrando a un cliente que tenía un carrito de compras lleno de comestibles.   Mientras completaba la compra, un niño que se encontraba detrás de él comenzó a gritar por todo lo alto y un hombre enfurecido respondió gritando: "¡Bájate!"

"¡Que imbécil!", pensó Jim, sin levantar la mirada.   Él siguió comprobando precios y pasando los artículos por el escáner.   El niño que tenía a sus espaldas seguía llorando, nuevamente escuchó al hombre gritar: "¡Bájate!", "Vaya, ¡que padres!", pensó Jim. "Este tipo es un completo imbécil". El continúo verificando los precios sin levantar la mirada.

Cuando terminó de cobrarle al cliente, Jim levantó la mirada y dijo: "Son $ 89.95, señora". Al no ver a nadie, miró a su alrededor y se dio cuenta de que todos, incluyendo su cliente, estaban tumbados boca abajo con la cara al suelo.   Jim se dio la vuelta a tiempo para ver al pistolero salir de la tienda.   El dependiente que estaba detrás de él, aun en el suelo, dijo con calma: "Jim, sabías que la segunda vez que oíste bájate, te estaba apuntando con la pistola justo a tu cabeza".

Es posible que al igual que Jim, a María y a José les haya pasado lo mismo.   Estaban tan envueltos en sus pensamientos, en sus afanes, que no pudieron darse cuenta de lo que ocurría a su alrededor.   En el caso de María y José, olvidaron por completo a Jesús.

Además de todo esto, hay algo muy importante en estos acontecimientos.   De hecho, estoy convencido de que el Espíritu Santo permite que Lucas escriba estos hechos para traernos una enseñanza poderosa.   El tesoro escondido entre estas líneas de las Escrituras está en el simple hecho de hacernos una pregunta.   ¿Hace cuánto tiempo piensas que Jesús está contigo; pero realmente no es así?

Muchos creyentes van hoy por el camino de la vida pensando que Jesús va con ellos y que están haciendo la voluntad de Él; pero no es así, han dejado a Jesús olvidado y aún no se han dado cuenta.   Los afanes de la vida, los pecados ocultos, el orgullo, la avaricia, las inmoralidades sexuales y hasta muchas veces hacer tu propia voluntad ha provocado que Jesús ya no camine contigo.   Muchas personas están tan concentradas en sus pensamientos, en los deseos de sus corazones, que no se han dado cuenta de que Jesús ya no camina con ellos. ¿Has provocado que Jesús ya no este contigo en el camino? Tristemente, muchos no se han dado cuenta de que han dejado a Jesús olvidado. Muchos piensan que ahora son más importantes ellos que Jesús. ¿Dónde está Jesús en tu vida?, ¿Lo dejaste olvidado?, ¿O acaso ahora es más importante lo que haces que has olvidado a Jesús? Pues esto, no se trata de lo que usted pueda hacer, sino de lo que haga Jesús a través de usted y de la intimidad que usted tenga con Él. ¡Es tiempo de volver a la senda antigua! ¡Es tiempo de regresar al momento y lugar donde dejaste olvidado a Jesús y regreses a buscarlo! ¡Es necesario que en este momento te detengas y verifiques si Jesús va contigo!

Notas

Para llegar a las conclusiones establecidas en este libro, el autor ha hecho un estudio exhaustivo de las siguientes obras.

1. Santa Biblia Reina- Valera 1960
   © 1960 por Sociedades Bíblicas en América Latina

2. Biblia de Estudio MacArthur Título en Ingles: The MacArthur Study Bible
   ©1997 por Thomas Nelson

3. Biblia de Estudio Nueva Versión International
   ©2002 Editorial Vida, Miami, Florida 33166

4. Biblia Textual
   ©1999, 2010 Por la Sociedad Bíblica Iberoamericana.

5. Biblia del Diario Vivir
   © 1997 Editorial Caribe   Una edición de Thomas Nelson

6. Biblia Plenitud
   ©1994 Editorial Caribe Noshville, TN 37214

7. Comentario Bíblico de Mathew Henry obra completa sin abreviar.

Traducido y adaptado al castellano por Francisco La Cueva.
©1999 Por Editorial CLIE

8. Biblia de Bosquejo y Sermones Tomo 5
   ©1991 Por Alpha y Omega Ministries, Inc. Y Publicado por Leadership Ministries Worldwide.

9. Introducción a la Biblia. Tercera Edición Revisada. ©2001 Logoi, Inc.

10. Comentario Bíblico de William MacDonald
    Obra completa, dos tomos en uno. Editorial CLIE
    ©1992 William MacDonald. Antiguo Testamento.
    Todos los derechos reservados.
    ©1989 William MacDonald. Nuevo Testamento.
    Todos los derechos reservados.

11. Biblia de Estudio Mundo Hispano
    ©2012 Editorial Mundo Hispano

12. Ilustraciones Inolvidables
    ©2010 Por Youth Specialties, Inc. Editorial Vida

13. La Santa Biblia, Nueva Traducción Viviente
    © 2010 Tyndale House Fundation

Para pedidos, invitaciones o conferencias, usted puede comunicarse directamente con el autor Edgar Garced Vega, al 936-207-5286, 936-207-6555. O a través de payasogozoso@hotmail.com